글쓴이 곰곰쌤

대학에서 금속 분자 재료를 공부하고, 지금은 학생들에게 수학과 과학을 알려 주는 선생님이에요. 그동안 학생들이 공부하기 힘들어할 때마다 역사 속 수학과 과학 이야기를 들려주었는데, 그 내용을 모아 이 책을 만들었어요.

그린이 토리아트

상상하는 모든 것을 그리고 디자인하는 푸른 꿈이 있는 곳, 무한한 상상력을 갖고 색다른 기획과 그림, 디자인으로 수준 높은 창작물을 만들려는 회사입니다. 그림을 그린 책으로 《읽을수록 빠져드는 수학으로 배우는 세계사》, 《꼬레아 타임스》, 《겜블록스 월드: 버그 패치! 클릭 대장》, 《초등 숙제 왕! 명절·기념일편: 오늘로 말할 것 같으면!》, 《초등 숙제 왕! 인물편: 나로 말할 것 같으면!》, 《아홉 살 탐정 레베카》 시리즈, 《도티&잠뜰 탐정 프렌즈》 시리즈 등이 있습니다.

읽을수록 빠져드는
과학으로 배우는 세계사

1판 1쇄 인쇄 2024년 7월 1일
1판 1쇄 발행 2024년 7월 10일

글쓴이 곰곰쌤 **그린이** 토리아트
발행인 오영진 김진갑 **발행처** 제제의숲 **기획편집** 이희자
디자인 안경희 **마케팅** 박시현 박준서 김승겸 김예은 김수연

출판등록 2013년 1월 25일 제2013-000028호
주소 서울시 마포구 월드컵북로5가길 12 서교빌딩 2층
원고 투고 및 독자 문의 midnightbookstore@naver.com
전화 02-332-7706 **팩스** 02-332-7741
블로그 blog.naver.com/midnightbookstore
페이스북 www.facebook.com/tornadobook

ISBN 979-11-5873-294-3 (74400)
ISBN 979-11-5873-292-9 (세트)

제제의숲은 ㈜심야책방의 자회사입니다.
이 책은 저작권법에 따라 보호를 받는 저작물이므로 무단전재와 무단복제를 금하며,
이 책 내용의 전부 또는 일부를 사용하려면 반드시 저작권자와 제제의숲의 서면 동의를 받아야 합니다.

잘못되거나 파손된 책은 구입하신 서점에서 교환해 드립니다.
맞춤법과 띄어쓰기는 국립국어원의 기준에 따랐습니다.
책 모서리가 날카로워 다칠 수 있으니 사람을 향해 던지거나 떨어뜨리지 마십시오.
종이에 베이지 않게 주의하세요. 책값은 뒤표지에 있습니다.

차례

I. 세기의 천재 레오나르도 다빈치

1. 14~15세기의 이탈리아 ……… 8
   - 로마 제국의 멸망 ……… 9
   - 상인 계급의 성장 ……… 10
2. 팔방미인 레오나르도 다빈치 ……… 14
   - 다빈치가 성이 아니라고? ……… 14
   - 화가 레오나르도 ……… 16
   - 레오나르도의 직업은 몇 개? ……… 18
   - 인기인 레오나르도 ……… 24
   - 레오나르도가 외계인? ……… 28

II. 친해지길 바라, 요하네스 케플러와 갈릴레오 갈릴레이

1. 16세기 유럽의 분위기 ……… 32
   - 코페르니쿠스의 태양 중심설 ……… 32
   - 죽기 직전 발표된 코페르니쿠스의 논문 ……… 35
2. 불행과 고난의 케플러 ……… 38
   - 케플러의 어린 시절 ……… 38
   - 평생을 결정지은 경험 ……… 39
   - 태양 중심설을 배운 케플러 ……… 40
   - 케플러와 같은 시대를 산 갈릴레오 갈릴레이 ……… 42
   - 튀코 브라헤와의 만남 ……… 45
   - 브라헤와 함께한 프라하 생활 ……… 47
   - 브라헤의 위대한 유산 ……… 51
   - 케플러의 불행과 고난 ……… 56

III. 뉴턴과 라이프니츠, 누가 미분법의 원조지?

1. 16~17세기의 잉글랜드 ……… 60
   - 위대한 여왕의 등장 ……… 60
   - 해적 기사 드레이크와 에스파냐 무적함대의 패배 ……… 63
   - 유럽의 중심지가 된 잉글랜드 ……… 64

2. 과학의 역사를 바꾼 뉴턴 ········ 68
    뉴턴이 소심해진 이유 ········ 68
    잉글랜드의 유명인 ········ 69
    타원 모양으로 태양 주위를 도는 지구 ········ 71
    만유인력의 발견 ········ 73
    과학의 역사를 바꾼 책 《프린키피아》 ········ 75
    미분법의 연구 ········ 77
    평생 혼자 살며 연구에 최선을 다한 삶 ········ 80

IV 말이 필요 없는 알베르트 아인슈타인

1. 19세기 말의 독일 ········ 84
    독일 제국의 야망 ········ 84

2. 물리학과 수학에 뛰어난 천재 ········ 86
    학교를 싫어하는 아이 ········ 86
    스위스에서 사랑에 빠지다 ········ 87
    기적의 1905년 ········ 90
    유명인이 된 이후의 변화 ········ 95
    제1차 세계 대전과 피신 ········ 96
    설명을 들어도 이해하기 어려운 상대성 이론 ········ 97
    평생 후회한 맨해튼 계획 ········ 99
    아인슈타인과 양자 역학 ········ 100
    도둑맞은 뇌 ········ 102

V 닐스 보어, 원자 속 세계를 말하다

1. 상대성 이론과 양자 역학의 탄생 ········ 106
    한 번 증명된 진리는 변하지 않을까? ········ 106
    원자 속 세상 ········ 107

2. 닐스 보어의 위대한 발견 ········ 109
    불확정성의 원리와 슈뢰딩거의 고양이 ········ 109
    원자핵의 강력한 힘 ········ 111
    제2차 세계 대전과 보어 ········ 113
    아인슈타인과의 대립 ········ 114

I

14세기~15세기

세기의 천재 레오나르도 다빈치

'레오나르도 다빈치'라는 이름을 들어 봤나요?
많은 사람이 레오나르도 다빈치가 화가나 예술가라고 알고 있지요.
실제 다빈치가 어떤 사람인지 자세히 알아볼까요?

1. 14~15세기의 이탈리아

 로마 제국의 멸망

레오나르도 다빈치는 1452년, 그러니까 15세기 중반에 태어났어요. 동로마 제국이 멸망하기 1년 전이었지요.

동로마 제국은 로마 제국과 다른 나라냐고요? 뿌리는 같아요. 엄청나게 커다란 나라였던 로마 제국은 330년경 여러 가지 이유로 반으로 뎅강! 갈라졌어요. 수도 로마가 제국의 중심부 역할을 하기에는 너무 서쪽에 치우쳐 있다고 생각해 수도를 동서 무역의 핵심인 콘스탄티노폴리스(지금의 이스탄불)로 옮겼지요.

로마 제국은 동쪽과 서쪽으로 나뉘어져 통치되다가, 결국 395년에 로마를 중심으로 하는 서부 지역이 따로 독립하게 되었어요. 당시 황제 테오도시우스 1세가 죽으면서 두 아들에게 동서의 통치 지역을 나눠 줬거든요.

이후로도 오랜 시간 유지된 동로마 제국과는 달리, 서로마 제국은 소속된 주가 하나둘씩 떨어져 나가 독립하면서, 결국 476년에 역사 속으로 사라지게 돼요. 이때 서로마 제국에서 독립한 나라들은 또다시 로마 제국 같은 강력한 나라가 나타나 자신들을 지배하면 어쩌나 하고 걱정했어요. 그래서 로마 근처, 지금의 이탈리아 지역에 제대로 된 나라가 들어서지 못하게 방해하지요.

이런 여러 이유로 이탈리아 지역은 다른 나라와 달리 왕족이나 귀족이라고 할 만한 사람이 적었고, 다른 계층이 성장했어요.

 상인 계급의 성장

 예부터 동서양을 가리지 않고 상인을 천대했어요. 그 이유는 평민의 입장에서 돈을 벌기 가장 쉬운 방법은 장사를 하는 것인데, 평민이 농사를 짓지 않으면 나라가 위태로워지기 때문에 지배층이 장사하는 사람을 꺼려서예요. 그런데 이탈리아 지역은 상인들을 억누를 만한 귀족이나 왕족이 없어, 다른 나라에 비해 상인이 성장하기 좋았어요.

 더구나 이탈리아 지역은 반도(삼면이 바다로 둘러싸이고 한 면은 육지에 이어진 땅)라는 지리적인 이점 덕분에 지중해를 통한 동서양 해상 무역의 중심지 중 한 곳이었지요. 물론 콘스탄티노폴리스 정도까지는 아니었지만요. 14세기부터 유럽에서 향신료가 엄청 유행하는 바람에 이탈리아 지역 상인들은 떼돈을 벌었어요.

 향신료는 음식에 맛이나 향을 더하는 조미료를 말하는데, 후추, 고춧가루, 바닐라나 바질 등이 있어요. 옛날 서유럽 지역은 서로마 제국의 멸망 후 문화적으로 뒤떨어진 편인 데다가, 직접 구할 수 있는 향신료가 별로 없어서 음식의 맛도 밍밍했어요.

 생각해 보세요. 야채 반찬에 소금 조금, 오일 조금 뿌린 것에, 고기도 별다른 소스 없이 구워 먹기만 하다가, 맵고, 짜고, 신 온갖 맛에 독특한 향이 가득한 음식을 먹는다면요? 당시 유럽 사람들이 깜짝 놀라며 좋아하는 게 당연했겠죠?

곰곰 쌤의 잡학 사전 향신료 무역

당시 많은 나라의 왕과 귀족은 어마어마한 돈을 벌 수 있는 향신료 무역을 하고 싶어 했어요. 하지만 지리적인 문제로 이탈리아처럼 이익을 보기가 어려웠지요. 그런데 지금의 튀르키예 지역에 세워진 오스만 제국과 동로마 제국 사이에서 패권 다툼을 벌어지면서, 향신료 무역에 비상이 걸렸어요. 향신료 가격이 오르고, 향신료 무역로 중 하나인 비단길(중국과 유럽을 잇는 육상 무역로로, 주요 무역

품목 중에 중국 특산품인 비단이 있어서 붙은 이름)도 이 지역을 거쳐서 콘스탄티노폴리스나 이탈리아 지역으로 이어졌거든요. 그 동안 맛있는 요리에 익숙해진 사람들은 향신료를 차지하기 위해 엄청난 돈을 썼답니다. 한 때 후추가 같은 무게의 금보다 더 비싸기도 했을 정도니까요!

사람들은 그동안 거들떠보지도 않던 위험한 길을 따라서라도 향신료 무역을 하기로 마음먹고 대서양 쪽으로 눈을 돌렸지요. 이렇게 유럽 사람들의 '대항해 시대'가 시작된 거예요. 바다를 건너서 오스만 제국을 피해 인도로 갈 수만 있다면, 향신료 무역으로 엄청난 돈을 벌 수 있으니까요.

그래서 14세기부터 동남아, 인도, 중국 등에서 향신료를 사 오는 향신료 무역이 시작되었어요. 이때 향신료를 유럽으로 공급했던 중심지가 바로 이탈리아 지역이었고요. 이탈리아 지역의 많은 도시가 사실상 하나의 도시 국가인 셈이었는데, 주요 대도시에서는 대부분 돈을 엄청나게 번 상인이 왕처럼 도시를 지배할 정도였지요. 시샘과 부러움까지 더해져서 이탈리아 상인은 아주 악독하고 비열하다는 나쁜 인식이 퍼져 있었어요. 1600년에 나온 윌리엄 셰익스피어의 유명한 희곡 《베네치아의 상인》에 나오는 '베네치아 상인'을 생각해 보세요. 이탈리아 상인에 대한 인식이 어땠는지 충분히 짐작이 가지요?

이탈리아의 상인들은 천대받는 자기들의 위상을 높이고 나쁜 이미지도 개선하기 위해 궁리했어요. 그중 하나가 학자와 예술가를 지원하는 일이었지요. 백 명을 지원해서 한 명만 성공해도 사람들에게 자신들의 안목과 베풂을 자랑할 수 있을 테니까요.

바로 이 시기에 태어난 사람이 레오나르도 다빈치예요.

레오나르도 다빈치

2. 팔방미인 레오나르도 다빈치

다빈치가 성이 아니라고?

레오나르도의 정확한 이름은 '레오나르도 디세르 피에로 다빈치'예요. 우리나라 말로 바꾸면 '빈치 마을 피에로 씨 집안의 레오나르도'라는 뜻이지요. 그러니까 고향이 '빈치'이고, 이름이 '레오나르도'인 거지요. 그런데 왜 다들 '다빈치'라고 부르냐고요?

옛날에는 동양이나 서양이나 평민은 성이 없었고, 이름만 있었어요. 성은 귀족만 있었거든요. 시간이 지나면서 평민도 성을 가졌지만, 그동안 이름만 부르다가 성을 붙여 부르려니 얼마나 입에 안 붙겠어요? 당시 이탈리아도 그랬어요. 그래서 성이 있어도 성을 붙여서 부르는 경우는 별로 없었지요. 그리고 시골 마을이나 작은 도시에서는 그냥 이름만 부르거나 "누구 씨네 둘째 아들!" 하고 불러도 다들 알았으니까요.

수학자 '피보나치' 알죠? 이름도 안 부르고 '보나치네 아들'이라고 부른 게 그대로 역사에 남아 버렸잖아요.

문제는 대도시같이 사람이 엄청 많은 곳일 때예요. 큰길에서 '레오나르도' 같은 흔한 이름을 불렀다가는 못해도 수십 명이 자기인 줄 알고 뒤돌아 보겠지요? 그래서 고향을 붙여 부르는 게 습관처럼 된 거예요.

"야, 빈치의 레오나르도(레오나르도 다빈치)!"

이렇게요. 그러던 것이 '어? 레오나르도 다빈치라고? 그럼 이름이 레오나르도이고, 성이 다빈치인가? 앞으로 다빈치 씨라고 불러야겠다.'라고 되어 버린 거지요.

이탈리아의 수학자 레오나르도 피보나치.

 화가 레오나르도

레오나르도는 그리 행복하지 않은 어린 시절을 보냈답니다. 왜냐하면 어머니네 집안의 사회적 지위가 낮고 가난했기 때문에 아버지와 어머니가 정식으로 결혼식을 올릴 수 없었거든요. 더구나 레오나르도가 태어나 일 년도 되기 전에 아버지는 아버지대로, 어머니는 어머니대로 따로 결혼을 했지요.

레오나르도는 어릴 때 어머니 집에서 자라다가 대여섯 살쯤 아버지에게 거두어져 삼촌의 보살핌을 받았어요. 아버지

레오나르도 다빈치 생가.

는 다시 결혼을 여러 번 했고, 자식도 무려 열두 명이나 있었으니까요.

레오나르도가 열네 살일 때 대도시 피렌체로 이사한 뒤 아버지는 그림에 재능이 있는 레오나르도를 화가 베로키오의 그림 공방에 보냈어요. 당시에는 정식 자식이 아니면 제대로 된 교육을

안드레아 델 베로키오.

받을 수 없었거든요. 그 뒤 스무 살에 베로키오의 조수로 그림 작업에 참여했을 때, 베로키오는 레오나르도가 어마어마한 천재성을 가지고 있다는 걸 알아챘어요. 그 뒤로 베로키오는 레오나르도를 화가 조합에 정식으로 등록시키고,

자기에게 들어오는 모든 그림 작업을 레오나르도에게 맡긴 채 자신은 조각 작업만 했다고 알려져 있어요. 당시에는 조합에 등록하지 않으면 불이익을 받거나, 다른 사람에게 배척받아서 화가로 활동도 못하고, 이름도 알릴 수 없었으니 잘된 일이었지요. 더구나 당시에 조합

레오나르도 다빈치와 안드레아 베로키오가 함께 작업한 그림으로 알려진 〈그리스도의 세례〉.

에 가입하는 건 무척 어려운 일이었기 때문에, 베로키오가 레오나르도를 조합에 가입시켜 준 건 무척 고마운 일이었답니다.

그렇게 천재성을 알린 레오나르도는 당시 피렌체를 지배하고 있던 메디치 가문의 가주 로렌초 데 메디치에게도 알려져 후원을 받게 되었어요. 그의 스승격인 베로키오 역시 로렌초의 후원을 받고 있었거든요. 그렇게 레오나르도의 화려한 성공 시대가 시작되었어요. 하지만 로렌초는 밀라노를 지배하고 있던 스포르차 가문에 레오나르도를 소개해 주었고, 레오나르도는 밀라노로 자리를 옮기게 돼요. 그 유명한 '르네상스'의 시작을 레오나르도가 이끌었다고 해도 과언이 아닌 시기이지요.

르네상스는 14세기부터 16세기에 이탈리아를 중심으로 일어난

문화 혁신 운동을 말하는데, '재생, 부활'을 뜻하는 말이에요. 옛 그리스와 로마의 문학, 사상, 예술을 본받아 인간 중심의 정신을 되살리자는 운동이었는데, 이탈리아를 중심으로 유럽 곳곳으로 퍼져 나갔어요. 이때 완성한 여러 작품 중 가장 유명한 것이 바로 〈최후의 만찬〉이에요.

레오나르도 다빈치의 〈최후의 만찬〉.

 곰곰 쌤의 **잡학 사전** 르네상스

르네상스는 유럽에서 일어난 문화의 큰 변화를 가리키는 말이에요. 가톨릭 단일 종교 시대였던 유럽은 모든 예술과 문학 작품이 신 중심이었는데, 다시 고대 그리스 시대처럼 인간 중심으로 돌아가려는 문화적 변화가 생겼거든요. 이러한 시대의 흐름을 '르네상스'라고 불러요. 레오나르도, 미켈란젤로, 라파엘로로 대표되는 이 문화의 큰 변화의 흐름은 곧 유럽의 여러 나라로 퍼져 나갔어요. 하지만 르네상스는 16세기에 갑자기 끝나게 돼요. 오스만의 전쟁 승리로 이탈리아의 향신료 무역이 몰락하고, 대서양 항해 성공으로 대항해 시대가 열린 데다, 이탈리아 내부의 전쟁이 일어났을 뿐 아니라, 종교 혁명으로 인한 교황청의 권력 약화 등 다양한 이유로 이탈리아가 유럽의 중심에서 멀어졌기 때문이에요.

미켈란젤로(왼쪽)와 라파엘로(오른쪽).

 레오나르도의 직업은 몇 개?

　예수님이 십자가에 못 박히기 전 열두 제자와 마지막 식사를 하는 장면을 레오나르도가 상상하여 그린 벽화 〈최후의 만찬〉을 그리는 데 무려 이 년하고도 아홉 달이 걸렸다고 해요. 재밌는 건, 정작 그림을 그리는 데에는 석 달밖에 걸리지 않았고, 이 년 육 개월 동안은 만찬 식탁에 올릴 음식을 연구했다고 해요.

　도대체 어떤 연구를 했기에 그리는 시간보다 훨씬 더 오래 걸렸느냐고요? 식탁에 어떤 요리를 그릴지 고민하고, 또 그 요리를 직접 만들어 보고, 먹어 보고, 다른 요리를 상상해 보고, 또 만들어 보고, 먹어 보고……. 아니, 요리사도 아닌데 무슨 요리를 하느냐고요? 아니에요, 레오나르도는 요리사가 맞아요.

　스파게티라는 이탈리아 전통 요리를 알고 있나요? '파스타'라는 요리의 일종인데, 이것도 레오나르도가 발명한 거예요. 파스타용 밀반죽은 원래 넓적하거나 작은 덩어리 같은 것만 있어요. 중국식 면 요리를 먹고 홀딱 반했던 레오나르도가 중국 면을 구하기가 어렵자, 스스로 만들어 낸 것이 바로 지금의 스파게티 면이에요. 그리고 젓가락이 없으니까 면을 먹기 쉽게 하려고 포크도 개조했답니다.

　사실 피렌체에서 살 때부터 이런 모습이 보이긴 했어요. 어떤 모습이냐면, 자신이 그리는 작품을 이루는 요소에 과학적으로 접

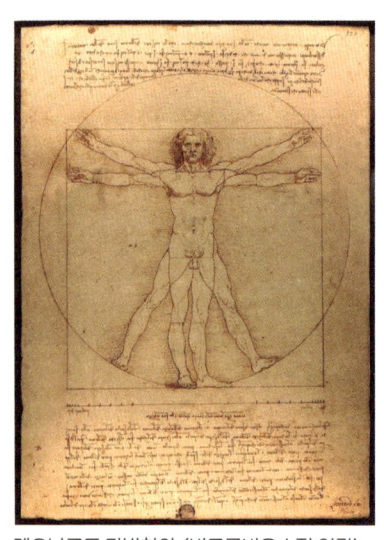
레오나르도 다빈치의 〈비트루비우스적 인간〉.

근해서 분석하고, 그것을 그림에 담는 모습이요. 밀라노로 와 본격적인 후원을 받으면서 어느 정도 여유가 생기자, 더욱 분석하고 파고들게 된 거지요.

'인체 비례도'라는 그림을 본 적 있나요? 동그라미 안에 팔과 다리를 쭉 뻗은 사람의 신체를 그린 그림이요.

이 그림은 예술 작품은 아니고, 레오나르도가 작품을 위해 인간의 신체를 연구하는 과정에서 그린 그림이에요. 사람이나 동물의 움직임을 그리려면, 실제로 어떻게 해서 그렇게 움직일 수 있는지 근육과 뼈, 그 밖의 많은 부분을 정확히 알고 있어야 더 자연스러운 모습으로 그릴 수 있으니까요.

그러다 보니 피부 속 근육과 뼈가 어떻게 움직이는지를 직접 살펴보고 싶었던 레오나르도는 시체를 사서 직접 해부했어요. 당시 시체 해부가 합법인 것은 아니었지만 화가들 사이에서는 암묵적으로 있던 일이라, 종종 해부를 목적으로 시체가 거래되기도 했어요. 그러니까 레오나르도가 너무 이상하고 괴팍했던 것은 아니랍니다.

그림을 그릴 때 동물이나 사람뿐 아니라 식물도 그리지 않느냐고요? 물론이죠. 그래서 식물에 대해서도 연구했어요. 식물을 그리다 보면 땅도 그리게 되니까 땅에 대해서도 연구했지요.

이렇게 의학과 생물학, 해부학 등을 연구하다 보니 자연스럽게 과학적 지식이 필요하게 되었고, 레오나르도는 또 혼자서 그것들을 전부 공부했답니다.

레오나르도는 항상 머릿속에서 많은 생각을 하고, 연구를 했기 때문에 너무나 바쁜 나머지 한 번에 두 손을 따로따로 써서 작업할 때가 많았대요. 한번은 친구가 놀러 왔는데, 레오나르도가 한

손으로는 그림을 그리면서 다른 손으로는 수학 문제를 풀고 있는 걸 보고 깜짝 놀랐다고 해요!

이렇게 바쁘다 보니 글을 쓰거나 문제를 풀 때는 간단하고 짧게 쓰거나 줄여서 쓰는 경우가 많았는데, 심지어 이걸 거울에 비친 글자처럼 좌우를 반대로 썼어요. 이렇게 쓰는 걸 '거울 쓰기'라고 하는데, 거기에 자기만 알아볼 수 있을 정도로 내용을 줄여서 쓰기까지 해, 레오나르도의 메모를 읽는 사람들은 엄청 끙끙거리며 머리를 써야만 했지요.

좌우가 반대인 '거울 쓰기'를 보여 주는 레오나르도 다빈치의 서명.

소설이나 영화, 게임 등에서 종종 레오나르도가 남긴 작품에 대단한 암호가 숨겨진 것처럼 나오기도 하지요? 실제로 레오나르도의 작품 중에서 어떤 것은 의미를 알기 힘든 기호 같은 것이 있기도 해요. 대부분은 별 의미가 없는 걸로 밝혀졌지만, 혹시 또 우리가 발견하지 못한 엄청난 내용이 숨겨져 있을지도 모르지요.

레오나르도는 건축학자이기도 했어요. 이 시대에 기념할 만한 건축물은 예술적으로 지었기 때문에 많은 예술가가 건축에도 일가견이 있었어요. 하물며 뭐든 깊이 파고드는 레오나르도는 어땠겠어요? 레오나르도가 남긴 건축 설계도는 지금도 혀를 내두를 정도로 정밀하다고 해요. 그의 이런 재능을 알게 된 도시의 지배자들이 레오나르도에게 도시의 설계를 맡기기도 했지요.

　레오나르도는 그 밖에도 여러 가지를 발명했는데, 물론 발명하다 실패하거나, 당시의 기술력으로는 만들 수가 없어서 설계도만 남은 경우도 많아요.

　예를 들어 헬리콥터의 원형을 발명했는데 당시에는 만들 방법이 없었지

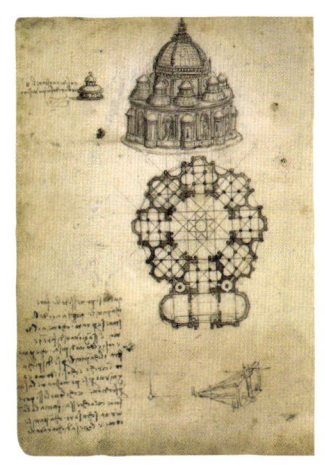
레오나르도 다빈치의 성당 스케치.

요. 레오나르도는 전쟁을 엄청나게 싫어하는 반전주의자였지만, 연속으로 발사가 가능한 대포나 현대식 전차의 원형을 설계하기도 했어요. 한번은 자동으로 세탁을 해 주는 자동 세탁기를 만들었는

레오나르도 다빈치가 그린 헬리콥터

데, 현대의 세탁기 같은 게 아니라 엄청 복잡한 구조였던 탓에 오히려 사람이 직접 세탁하는 편이 훨씬 편하고 쉬워서 아이디어가 아예 버려지기도 했어요.

　그뿐이게요? 레오나르도는 키가 크고 얼굴도 잘생긴 데다가 목소리까지 좋았다고 해요. 예술가답게 감수성도 뛰어나서 시나 편지 같은 문학적인 글도 잘 썼대요. 그러니 얼마나 인기가 많았겠어요?

하지만 레오나르도는 평생 누구와도 사귀지 않고 결혼도 하지 않았어요. 그래서 어떤 사람들은 레오나르도의 불우한 어린 시절 때문에 마음의 상처가 깊어서 그랬을 거라고 말하기도 해요.

인기인 레오나르도

1500년, 밀라노가 프랑스 국왕 루이 12세에게 침략당하자 레오나르도는 17년 만에 다시 피렌체로 돌아왔어요. 잠시 밀려났던 메디치 가문이 다시 피렌체를 지배하고 있었는데, 이때 그 유명한 〈모나리자〉와 역사상 가장 높은 경매가(4억 5천만 달러, 우리나라 돈으로 약 6,087억 원)로 유명한 〈살바토르 문디〉를 그렸어요.

레오나르도 다빈치 자화상.

로렌초 데 메디치가 후원했던 예술가는 여럿 있었지만, 그중 가장 로렌초와 친했던 사람은 바로 미켈란젤로예요. 초기 르네상스 시대는 이탈리아에서 시작되었는데, 이 시대를 찬란하게 이끌고, 나아가 전 유럽으로 확산시킨 주인공을 꼽으라면 아마 레오나르도 다빈치, 미켈란젤로, 라파엘로 이렇게 세 사람일 거예요.

그중 레오나르도가 가장 먼저이고, 그 뒤를 잇는 게 미켈란젤로, 마지막이 라파엘로였어요. 자신의 선배격인 레오나르도와 미켈란젤로를 존경했던 라파엘로와 달리, 미켈란젤로와 레오나르도는 서로를 경쟁자로 생각하고 사사건건 부딪혔지요. 그 이유 중 하나가 바로 메디치 가문 때문이라는 의견이 많아요. 그동안은 활동하는 지역이 달라서 크게 충돌하지 않았는데, 이제는 같은 도시에서 같은 가문의 후원을 받으며 지내게 되었으니 얼마나 둘이 자주 싸웠겠어요!

이때 피렌체에서 정권 다툼으로 메디치 가문이 흔들리자, 결국 레오나르도는 피렌체로 온 지 6년 만인 1506년에 밀라노를 지배한 프랑스 왕 루이 12세의 끊임없는 제안을 받아들여 프랑스 궁정 화가의 직위를 받고 밀라노로 가지요. 프랑스 궁정 화가라면 당연히 수도인 파리로 가야 했지만, 이미 당대 최고의 유명 인사인 레오나르도를 위해서, 루이 12세는 그가 가장 편안히 활동했던 밀라노에 머무르도록 배려해 줬어요.

그러던 1512년에 메디치 가문은 정권 싸움을 끝내고 줄리아노 데 메디치가 피렌체를 휘

메디치 가문의 문장.

레오나르도 다빈치의 활동 지역.

어잡아요. 더불어 그의 형인 조반니 데 메디치가 교황이 되어, 메디치 가문은 피렌체와 로마 양쪽에서 강력한 영향력을 행사했지요. 1513년 밀라노를 지배하던 루이 12세가 지배권 싸움에서 패배하자, 레오나르도는 메디치 가문으로 돌아왔어요. 그렇지만 피렌체는 미켈란젤로가 활동하고 있어 불편했던 데다, 후원자인 줄리아노 데 메디치가 로마에 있었기 때문에 로마로 갔지요.

프랑스의 루이 12세가 죽고 그 조카였던 프랑수아 1세는 즉위하자마자 레오나르도를 후원하며 프랑스로 오라고 해요. 그때 레오나르도의 후원자였던 줄리아노가 사망하고요. 줄리아노와는 친했지만 교황이 된 그의 형 레오 10세(교황이 되기 전 조반니 데 메디치)와는 사이가 좋지 않았던 레오나르도는 결국 1516년 로마를 떠나 프랑스의 앙부아즈로 가요.

레오나르도는 1519년 사망할 때까지 앙부아즈에서 지내며 여러 학문에 걸친 연구를 정리해요. 특히 〈모나리자〉의 완성이 이 시기에 이루어지지요.

"아니, 〈모나리자〉는 1503년에 그렸다면서요?"

이상하게 생각할지도 모르겠어요. 사실 이 시대에 그림을 그리는 것은 시간이 걸리는 작업이었어요. 하나의 그림을 일 년 넘게 그리는 것은 보통이었지요. 그런데 레오나르도는 좀 더 확실하게 분석하고 과학적으로도 문학적으로도 분명하게 해석이 되고 나서야 작업을 한다고 했죠? 그래서 다른 사람보다 작업을 완료하기까지 훨씬 오래 걸렸어요.

〈모나리자〉도 마찬가지로 완성까지 오래 걸린 작품이었답니다. 특히 이맘때쯤 건강이 악화되어 중풍에 시달리던 레오나르도는 오른손을 거의 쓰지 못했어요. 다행히 그림을 그리는 손은 왼손이었기 때문에 무사히 그림을 완성할 수 있었지만요. 세계에서 가장 유명한 그림이 자칫 완성되지 못했을 수도 있었는데 정말 다행이죠?

레오나르도 다빈치의 〈모나리자〉.

레오나르도가 외계인?

말년을 평온하게 보낸 레오나르도는 프랑스의 왕 프랑수아 1세와 친해서, 가끔씩 레오나르도를 만나기 위해 왕이 파리를 떠나 앙부아즈까지 올 정도였어요. 그러다가 1519년 4월 23일, 레오나르도는 자신의 유언장을 작성했지요. 그리고 정확히 열흘이 지난 1519년 5월 2일 67세의 나이로 사망했어요. 그의 시신은 유언대로 앙부아즈의 생플로랑탱 성당에 묻혔어요.

레오나르도 다빈치의 묘가 있다고 알려진 프랑스 앙브아즈성 생 위베르 성당.

어떤 사람들은 레오나르도가 외계인 또는 인간보다 상위의 지적 생명체이기 때문에 죽지 않았을 거라고 말하기도 해요. 그렇지 않다면 어떻게 헬리콥터, 전차 등 시대를 앞선 연구를 하고, 그림도 잘 그리는 데다가 인체에 대한 연구, 생물, 과학, 수학 등 다양한 분야에 걸쳐 뛰어난 실력을 보일 수 있느냐면서요. 거기다가 정확히 자신이 죽기 열흘 전에 유언장을 남기고, 그 시체는 또 어떻게 그렇게 감쪽같이 사라질 수 있느냐고 의심해요. 역사 기록

데헷! 나 사실 외계인~

을 보면 프랑스 대혁명에 휘말려서 레오나르도의 유해가 사라진 것으로 되어 있거든요. 현재 생 위베르 성당에 있는 레오나르도의 묘는 시신이 없는 가묘예요.

이런 생각을 하는 사람 중에는 레오나르도가 남긴 작품이 적은 이유가 있을 것이고, 이 작품마다 가지고 있는 숨겨진 암호를 해독하면 엄청난 세계의 진실을 알게 될 거라고 진지하게 믿는 사람도 많답니다.

여러분은 어떻게 생각하나요?

II
16세기

친해지길 바라, 요하네스 케플러와 갈릴레오 갈릴레이

역사적으로 가장 유명한 과학자는 누구일까요?
바로 아이작 뉴턴이에요. 알베르트 아인슈타인이 나타나기 전까지는요.
그리고 아이작 뉴턴을 이야기하려면 먼저 알아야 할 사람이 있어요.
바로 천체 물리학의 아버지 요하네스 케플러예요.

1. 16세기 유럽의 분위기

코페르니쿠스의 태양 중심설

케플러에 대해서 이야기하려면 먼저 지구 중심설과 태양 중심설에 대해서 이야기해야 해요.

16세기 유럽은 가톨릭의 영향력이 강했어요. 설령 왕이라고 해도 왕 역시 가톨릭 신자였기 때문에, 교황이 파문이라도 시키는 날에는 그 즉시 왕의 자리에서 쫓겨나고 당장 죽임을 당할 수도 있었으니까요.

가톨릭에서는 신이 지은 사람들이 사는 이 세계가 우주의 중심이라고 생각했어요. 이런 생각은 아주 옛날부터 이어졌는데, 로마 시대의 그리스 과학자 프톨레마이오스(에우클레이데스가 가르친 프

톨레마이오스 1세 왕과는 아무 상관도 없는 사람이에요.)가 이것을 체계화하여 이론으로 주장했어요.

　그래서 사람들은 지구가 우주의 중심에 있고 태양, 달을 비롯해서 모든 천체(하늘에 있는 모든 물체. 태양, 달, 행성, 별을 비롯한 우주의 모든 것)가 지구를 중심으로 돌고 있다고 생각했어요. 이런 생각을 프톨레마이오스가 정리하고 주장했으니 '프톨레마이오스설'이라고 하기도 하고, 온 우주의 중심은 지구라는 주장이니 '지구 중심설'이라고 하기도 하고, 지구가 아니라 '하늘(천, 天)'이 '움직인다(동, 動)'는 주장이니 '천동설'이라고 하기도 했지요.

　이 주장은 그 당시 눈으로 직접 하늘의 별과 달의 움직임을 관찰한 결과를 잘 설명해 주었어요. 물론 두 발로 딛고 서 있는 지구가 전혀 움직이지 않는다는 경험에서 우러난 확신에도 맞는 것이었지요. 무엇보다 프톨레마이오스가 주장한 내용이 대단히 논리적이고, 수학적으로도 당시의 지식 범위에서는 딱 맞게 계산된 움직임이었기 때문에 진리로 받아들여졌어요.

하지만 세월이 흐르면서 조금씩 문제가 생겼어요. 특히 수학의 발전이 결정적이었죠. 더 정확한 계산이 가능해졌으니까요. 뭐가 문제였느냐고요? 오차가 계속 생겼던 거예요. 그래서 사람들은 프톨레마이오스설의 오류를 고치기 위해 골머리를 썩였어요. 그러다가 16세기가 되어서야 한 과학자가 전혀 다른, 그 시대에는 아무도 생각하지 못했던 아이디어를 떠올렸어요.

바로 지구가 아닌 태양이 우주의 중심일지도 모른다는 생각이었죠.

 곰곰 쌤의 잡학 사전 코페르니쿠스적인 발상

코페르니쿠스가 우주의 중심을 지구에서 태양으로 바꾼 것은 아주 작은 차이였지만, 아무도 생각하지 못한 것이었지요. 이처럼 다른 사람은 생각하기 힘든 발상의 전환(생각하는 방법을 바꾸는 것)을 지금도 '코페르니쿠스적인 발상' 또는 '코페르니쿠스적인 생각'이라고 불러요.

 죽기 직전 발표된 코페르니쿠스의 논문

폴란드 출신의 천문학자였던 니콜라우스 코페르니쿠스(라틴식 발음. 폴란드식으로는 '미코와이 코페르니크')는 가톨릭 사제이기도 했어요. 당시 사제는 지식인이었기 때문에, 문학가나 과학자를 겸

하는 경우가 많았지요. 코페르니쿠스도 그런 사람이었답니다. 코페르니쿠스가 이탈리아 지역에서 유학하던 때, 기원전 280년쯤 출간된 고대 그리스의 철학자 아리스타르코스의 글을 읽었어요. 그

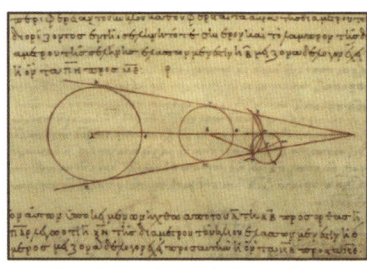

10세기 그리스 문서에 실린 아리스타르코스의 (왼쪽부터) 태양, 지구, 달의 상대적 크기에 대한 기원전 3세기 계산.

동안 아무도 보지 않아서 뽀얗게 먼지가 쌓인 글이었지요. 아리스타르코스는 무려 1700년 전 사람이었지만, 지구가 아니라 태양이 우주의 중심이라고 주장했고, 지구와 달, 태양 사이의 거리까지 계산해 놓았어요. 물론 그 계산은 지금 보면 완전히 틀렸지만, 어차피 우주의 중심은 태양도 지구도 아니라는 것을 우리는 알고 있잖아요? 그때 지식으로는 그것도 대단한 것이었어요.

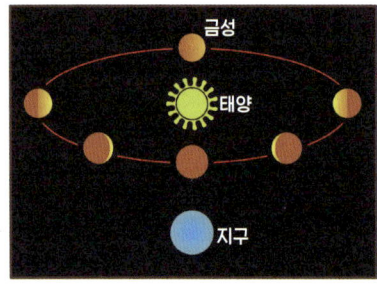

태양 중심설에 대한 강력한 증거가 된 금성의 위상 변화 그림.

코페르니쿠스는 큰 충격을 받고 자신의 생각을 완전히 바꿨어요. 태양을 중심으로 지구와 달, 행성들(수성, 금성, 화성, 목성, 토성)의 움직임을 계산해 보니, 그동안 많은 사람의 골칫거리였던 오차 문제도 거의 해결됐어요. 코페르니쿠스는 깨달았어요!

'아, 이게 옳은 방법이구나!'

코페르니쿠스는 아리스타르코스의 글에서 얻은 지식과, 자신이 연구한 내용을 종합해서 논문을 썼어요. 하지만 그 논문을 세상에 내놓기는 두려웠어요. 이처럼 혁신적인 내용을 발표했다가 어떤 비난과 욕을 들을지 알 수 없었으니까요. 무엇보다 코페르니쿠스의 수학 실력이 뛰어나지 못하다는 것이 문제였어요. 그래서 자신의 논리를 과학적으로 증명하기가 어려웠고, 다른 학자를 설득하기도 힘들었지요. 더군다나 가톨릭에서는 천동설을 지지하고 있었는데, 가톨릭 사제인 코페르니쿠스가 그 주장과 완전히 다른 주장을 하는 것도 부담이었고요.

결국 논문을 완성한 지 40년이 넘어, 코페르니쿠스가 죽기 직전에야 논문이 책으로 나왔어요. 그것도 처음에는 제자였던 레티쿠스의 이름으로요. 책의 내용에는 계산상의 문제점이 있었지만, 천동설의 허점을 해결할 수 있는 해결책이 담겨 있었기 때문에 천문학자들에게 어마어마한 충격을 주었고, 큰 영향을 끼쳤지요. 학교에서는 프톨레마이오스의 지구 중심설을 가르쳤지만, 은밀히 소수의 영재에게는 코페르니쿠스의 태양 중심설을 가르쳤어요. 그런 시기에 케플러가 태어났어요.

니콜라우스 코페르니쿠스가 쓴 《천구의 회전에 관하여》 제목 부분.

2. 불행과 고난의 케플러

케플러의 어린 시절

케플러는 1571년 신성 로마 제국의 바일데어슈타트라는 곳에서 태어났어요. 지역 이름이 어딘지 독일식인 것 같다고요? 신성 로마 제국이 앞에서 나온 로마 제국과는 다른 나라냐고요?

신성 로마 제국은 이름 때문에 오해를 불러일으키지만 사실 중부 유럽 지역이 주요 영토였어요. 케플러가 태어나고 얼마 안 되어서 케플러네 집은 점점 어려워졌어요. 케플러의 아버지는 케플러가 다섯 살이 되던 해에 돈을 벌러 가겠다며 집을 나간 후 연락이 끊겼어요. 케플러의 어머니는 약재상과 치료사 일을 하면서 힘들게 케플러를 키웠지요.

바일데어슈타트의 케플러 생가.

미숙아로 태어나서 몸이 약했던 케플러는, 네 살 때 천연두를 심하게 앓아서 심각할 정도로 시력이 나빠졌고, 심지어 손가락이 잘 안 움직이는 장애를 갖게 되었어요. 그렇지만 어릴 때부터 주변에

널리 알려질 정도로 계산과 추리에 뛰어났기 때문에 모두 케플러가 뛰어난 수학자가 될 거라고 말했지요.

 평생을 결정지은 경험

케플러가 여섯 살이 되던 해, 그의 평생을 결정지을 경험을 하게 돼요. 바로 1577년 유럽을 들끓게 한 '유럽 대혜성'을 직접 눈으로 본 것이지요.

케플러가 여섯 살 때 목격한 1577년의 대혜성.

시력이 심각하게 나빠진 케플러가 눈으로 확인할 수 있을 만큼 혜성이 지구 가까이 스쳐 지나간 이 사건은, 사실 잘못했으면 지구가 멸망할 뻔한 사건이었어요. 당시 과학자들 사이에서도 이건 천체인 혜성이 아니라, 지구의 대기권 안에서 벌어진 이상 기후였다고 주장하는 사람이 있을 정도로, 지구의 대기권이 크게 흔들린 사건이기도 했어요. 케플러는 이 사건을 두 눈으로 직접 보면서 하늘에 있는 천체에 완전히 마음을 뺏겨 버렸고, 천문학자가 되기로 결심했지요.

그러나 주변에서는 케플러를 말렸어요. 그 시대에는 별을 관측할 천체 망원경이 없어서 모든 천문학자는 자신의 눈으로 직접 별을 관측해야 했는데, 케플러는 시력이 매우 나빴기 때문에 별을 관측할 수 없었으니까요. 그렇지만 케플러는 자신의 꿈을 바꾸지 않았어요.

학교에 진학한 케플러는 수학 실력이 뛰어나 우수한 학생으로 알려졌고, 일부의 우수한 학생에게만 가르쳤던 코페르니쿠스의 태양 중심설을 배우게 되었지요.

태양 중심설을 배운 케플러

원래부터 천문학에 관심이 많았던 케플러는 태양 중심설에 크게 감명을 받았고, 놀라운 수학 실력을 발휘해 태양 중심설을 수정해 나갔지요. 스물세 살에 대학을 졸업하고 그라츠의 대학 교수가 되었어요. 뛰어난 수학 실력으로 교수까지 됐지만, 목소리나 말주변이 좋지 않아서 그의 수업을 들으려는 학생이 한 명도 없었다고 해요.

오스트리아의 그라츠 대학교.

학생을 가르치는 데에는 서툴렀지만 수학에는 뛰어났던 케플러는, 코페르니쿠스의 태양 중심설을 좀 더 다듬고 수학적 측면에서 보강해 《우주 구조의 신비》라는 책을 냈어요. 코페르니쿠스의 태양 중심설이 공표된 후 이 주장을 긍정한 첫 발표였지요. 다른 사람들은 기존의 학자와 교회의 눈치를 보고 있었거든요. 애초에 태양 중심설을 가르치는 것도 몰래 가르치고 있었는데, 공식적으로 태양 중심설을 긍정하다니요! 목소리가 작아서 웅얼거린다는 평가를 받는 케플러였지만, 배짱은 누구보다도 컸던 모양이에요.

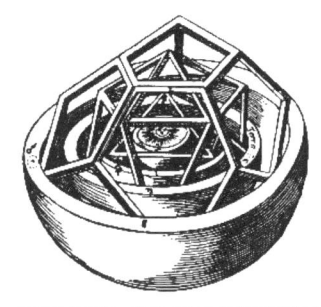

《우주 구조의 신비》에 묘사된 케플러의 태양계 모형.

케플러는 자신의 주장을 토론하고 검증받기 위해 당시 조금 유명한 사람이면 알든 모르든 일단 자신의 책을 보내 평가를 부탁했어요. 그때 가난에 허덕이던 무명의 수학 선생님에게도 케플러의 책이 전해졌지요. 케플러의 책을 읽은 무명의 수학 선생님은 "케플러 씨의 의견에 나도 동의하며 코페르니쿠스의 의견을 지지하지만, 아직은 물리적으로나 수학적으로 증명되지 않아 논리적으로 맞다고 말할 수 없다."라고 답장을 보냈어요. 답장을 보낸 무명의 수학 선생님이 바로 '갈릴레오 갈릴레이'였어요.

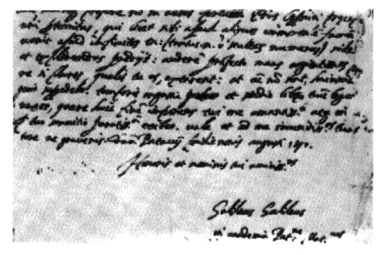

갈릴레이가 케플러에게 보낸 편지.

케플러와 같은 시대를 산 갈릴레오 갈릴레이

갈릴레오 갈릴레이는 1564년 이탈리아의 피사에서 태어났어요. 모두 피사를 알고 있지요? 피사의 기울어진 탑인 '피사의 사탑'은 아주 유명하잖아요.

갈릴레오 갈릴레이가 태어난 피사.

갈릴레이는 귀족 집안에서 태어났지만, 사실 말이 귀족이지 몰락해서 아주 가난했어요. 그래도 뛰어난 수학적 재능 덕분에 대학교까지 진학했지만, 아버지가 병에 걸리고 집안이 너무 어려워져서 학교를 그만둬야 했어요.

공부를 계속하고 싶었던 갈릴레이는, 지금으로 치면 수학 과외, 즉 수학을 가르치는 아르바이트를 하면서 근근이 살다 간신히 모교였던 피사 대학교에 수학 교수로 들어갈 수 있었어요. 그렇지만 급료는 아주 형편없었지요.

갈릴레이의 불행은 끝나지 않았어요. 교수 계약이 끝나고 직장을 잃은 지 얼마 안 되어 아버지가 돌아가시고, 남은 가족 전부를 갈릴레오가 혼자 돌봐야만 했어요. 동생들 뒷바라지에 결혼 준비, 생활비 등 끝없는 경제적 문제가 갈릴레이를 괴롭혔지요. 갈릴레이는 항상 돈에 허덕였고, 어떻게 하면 돈을 벌 수 있을지를 언제나 궁리했어요.

여러 시도를 하던 갈릴레이는 망원경을 보고 우주의 천체를 볼 수 있겠다는 생각을 하게 돼요. 원래는 바다에서 먼 곳을 보기 위한 목적으로 발명된 것이 망원경이었지만요. 실험과 연구 끝에 망원경을 천체 망원경으로 개조하는 데 성공한 갈릴레이는 자신의 망원경으로 우주를 관측했어요. 그러고는 '그것'을 맨 처음 발견하지요. 바로 목성의 위성이요!

지금이야 다른 행성에도 위성이 있다는 걸 당연하게 받아들이

갈릴레이 망원경.

지만, 그 당시에는 정말 충격적인 이야기였어요. 왜냐하면 많은 사람이 모든 천체가 지구를 중심으로 돈다는 지구 중심설을 지지하고 있었으니까요. 태양 중심설을 믿는 사람들조차 태양도 지구도 아닌 목성을 중심으로 도는 천체가 있을 거라고는 상상하지 못했던 거죠! 천문학계뿐만 아니라 모든 과학계가 발칵 뒤집어졌고, 성당과 신학자들도 난리가 났어요! 아니, 온 유럽 사람이 이 소식에 충격을 받았어요.

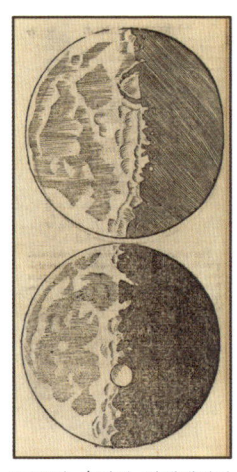

1610년 출판된 갈렐레이의 첫 번째 책 《시데레우스 눈치우스》에 실린 달 그림.

사람들은 이제 태양을 중심으로 지구와 목성 등의 행성이 돌고 있고, 그런 행성을 중심으로 돌고 있는 또 다른 천체가 있다는 사실까지 받아들여야 했으니까요. 당시 유럽에서는 보통 논문이나 저서를 쓸 때 라틴어로 썼지만, 갈릴레이는 자신이 관측한 사실과 연구 내용을 엮어서 모국어인 이탈리아어로 책을 펴내 누구라도 읽기 쉽게 썼어요.

그 덕분이었을까요? 갈릴레이가 쓴 책 《시데레우스 눈치우스(별의 메신저)》는 그야말로 날개 돋친 듯 팔려 나갔어요. 갈릴레이는 순식간에 유명인이 되었고, 이 기회를 놓치지 않았어요. 자신이 발견한 목성의 네 개 위성에 피렌체 메디치 가문의 상징을 결합시켜 메디치 별로 이름 지었지요. 수학을 가르치는 일을 할 때 메디치 가문과 안면이 있었거든요. 이후 갈릴레이는 메디치 가문의 토스카나 궁정 수석 수학자이자 철학자라는 직위를 얻고, 메디치 가문의 막대한

갈릴레이가 '메디치의 별'이라고 이름 붙였으나, 지금은 '갈릴레이 위성'이라 부르는 목성의 네 개 위성. 위에서부터 아래로 이오, 유로파, 가니메데, 칼리스토.

후원을 받게 되었어요. 그가 지긋지긋한 가난으로부터 벗어나는 순간이었어요!

아싸! 나도 이제 새 옷 사 입을 수 있다!

튀코 브라헤와의 만남

한편 케플러는 갈릴레오에게 받은 답장을 무심히 넘겼어요. 당시 갈릴레오는 아직 무명의 수학 선생님이었을 뿐이니까요. 그보다는 유명한 라이마르스 우르소에게 온 답장이 더 중요하게 느껴졌어요. 우르소는 당시 신성 로마 제국의 루돌프 2세에게 후원을 받는 수학자였는데, 튀코 브라헤와 앙숙이었어요.

튀코 브라헤는 그 시대에 가장 유명한 천문학자이자, 인류 역사상 가장 뛰어난 천체 관측자이며, 인간의 힘만으로 가장 많은 천체 관측 자료를 만든 사람이에요.

우르소는 그런 브라헤를 시기하고 질투했어요. 그러다 브라헤의 자료와 연구 내용을 훔쳐서 책을 출판하기까지 했지요.

천문학 연구실의 튀코 브라헤를 그린 그림.

이것 때문에 우르소는 브라헤와 크게 다투는 중이었어요. 이때 케플러의 책을 받은 우르소는 케플러를 끌어들일 계략을 짰어요.

우선 케플러에게 편지를 보내며 친해졌지요. 그러면서 슬쩍슬쩍 브라헤를 깎아내리는 말을 썼죠. "사실 내가 브라헤의 자료를 훔친 게 아니라, 브라헤가 내 자료를 훔친 거다!" 하는 식으로요. 케플러는 아무것도 모르고 우르소의 말에 맞장구를 쳤어요. 그리고 그런 말은 편지에 고스란히 남게 되었어요.

케플러에게 태양 중심설을 가르치고, 케플러를 이끌었던 스승 메스틀린은 우르소가 믿을 만하지 못하며, 최근에는 브라헤의 자료를 훔쳐 표절 논문을 낸 것이 확실하다면서 케플러에게 주의를 주었지만, 케플러는 듣지 않았어요.

그러던 어느 날 우르소는 튀코 브라헤의 비난을 반박하는 책을 냈는데, 근거 없이 튀코 브라헤를 비난하는 내용 일색인 책이었어요. 그리고 거기에 케플러의 편지를 실었어요. 당연히 그 책을 읽은 브라헤는 분노해서 책을 불태워 버렸지요. 그때 마침 케플러의 책이 튀코 브라헤에게도 도착했고요.

처음에 브라헤는 분노했지만, 생각해 보니 음험하고 못된 우르소에게 케플러가 속은 것이 분명해 보였어요. 그래서 말투가 조금 날카롭고 거칠긴 해도, 제대로 된 답장을 케플러에게 보냈지요. 케플러는 말투 따위는 신경 쓰지 않았고, 답장의 내용에 기뻐하며 브라헤와 천문학에 대해 토론했어요. 그렇게 케플러와 브라헤는 점점 친해졌어요.

브라헤와 함께한 프라하 생활

그러는 동안 케플러가 지내고 있던 그라츠의 상황이 점점 나빠졌어요. 당시에 가톨릭은 여러 문제로 사람들의 비판에 시달리다가, 마침내 마르틴 루터의 〈95개조 반박문〉이 내걸리는 사건이 터지면서 가톨릭의 문제를 개혁해야 한다는 '루터파(개신교)'가 생겨났어요.

〈95개조 반박문〉

마르틴 루터

　케플러는 개신교를 믿고 있었는데, 그라츠의 지배자는 독실한 가톨릭 신자였지요. 개신교와 가톨릭의 다툼과 갈등이 점점 깊어지자, 그라츠의 지배자는 가톨릭 신자가 아닌 사람에게 불이익을 주고, 조금만 실수해도 도시 밖으로 쫓아내 버렸어요. 케플러는 그라츠에서 살기가 점점 힘들어졌지요.

　편지로 사정을 들은 브라헤는 케플러를 자신이 살고 있는 체코의 프라하로 초대했어요. 브라헤의 초대에 케플러는 그라츠에서 겪고 있는 경제적, 종교적, 사회적 문제가 해결될 수 있다는 희망에 부풀어 프라하로 갔어요.

　이즈음 브라헤와 우르소 사이의 지저분한 싸움은 결국 브라헤가 승리하게 되었고, 우르소는 제국 수학자의 자리에서 쫓겨났어

케플러가 프라하에 살던 시절 주택이 있는 곳.

요. 그 자리는 브라헤에게 돌아갔지요. 우르소는 학자답지 않은 불명예스러운 행동들, 특히 표절 등으로 인해 참수형(목이 잘려 죽는 사형)이 결정되자, 프라하에서 도망쳤어요. 당연히 우르소를 잡으려고 사람들이 보내졌지만, 이미 늙고 병든 우르소는 잡히기도 전에 죽고 말았지요.

그 뒤에 케플러는 브라헤의 연구소에 도착했어요. 그런데 케플러는 성격이 좀 불같은 면이 있었어요. 나이로 보나 업적으로 보나 어떤 면으로 봐도 브라헤가 케플러의

스승인 셈인데도, 케플러는 자신과 의견이 맞지 않으면 서슴없이 브라헤에게 소리치고 화를 냈어요.

당대에 가장 유명한 천문학자였던 브라헤에게는 유럽 각지에서 유명한 사람들이 제자나 조수 등으로 많이 와 있었는데, 자꾸 브라헤에게 대드는 케플러의 모습 때문에 케플러에 대한 평가는 점점 안 좋아졌어요.

그렇지만 브라헤는 케플러의 재능과 노력을 높이 평가했고, 결국 자신의 수제자로 삼았어요. 물론 그 사이에도 둘은 수도 없이 싸우고 화해하고를 반복했답니다.

케플러는 그라츠에 돌아갔다가 가톨릭으로 개종하라는 강압에 그라츠에서 쫓겨난 가족들을 데리고 프라하로 와서 연구에 매진했어요.

튀코 브라헤.

브라헤의 위대한 유산

그러던 중 브라헤가 방광염이 악화되어 1601년 54세의 나이로 사망하지요. 한 귀족의 파티에 초대된 브라헤는 매우 화장실이 가고 싶었지만, 체면과 예절 때문에 꾹 참고 버티는 바람에 방광염에 걸린 거예요. 그 후 제대로 쉬면서 치료하지 않고 연구에 몰두하며 건강을 돌보지 않은 탓에 결국 사망에 이르게 되었지요.

프라하에 있는 튀코 브라헤와 케플러의 동상.

브라헤는 사망하면서 유언을 통해 자신의 연구 자료를 케플러에게 물려주었고, 그가 가지고 있던 제국 수학자의 지위도 케플러가 이어받게 되었어요.

사실 케플러가 제국 수학자의 지위를 물려받게 된 건 케플러의 점성술이 큰 역할을 했어요. 당시의 보통 사람들은 천문학과 점성술을 잘 구분하지 못했거든요.

케플러는 대학교에 다닐 때부터 주변 사람들의 별점을 봐 주었답니다. 그리고 프라하에 와서도 마찬가지였어요.

어느 날, 케플러는 신성 로마 제국의 황제인 루돌프 2세에게 국가의 운을 봐 주었

신성 로마 제국의 황제 루돌프 2세.

는데, 여기서 터키의 침공과 여름 홍수의 예언이 적중하는 바람에 루돌프 황제는 케플러의 점을 아주 신뢰했어요. 이런 황제의 믿음이 브라헤가 죽은 뒤 케플러가 제국 수학자가 되는 것에 큰 영향을 미쳤답니다.

   제국의 수학자가 된 케플러는 자신의 일생에서 가장 편안하고, 연구에 몰두할 수 있는 몇 년을 보냈어요. 국가의 지원으로 경제적인 어려움을 해결했고, 눈이 좋지 않아서 관측이 어려웠지만, 다행히 역사상 가장 뛰어난 관측자였던 튀코 브라헤의 자료가 있었으니까요. 그래서 케플러의 가장 큰 업적 가운

케플러가 쓴 《뱀주인자리의 발 부분에 있는 신성》.

데 하나이며 훗날 뉴턴이 만유인력을 발견하는 데에 큰 역할을 하게 되는 '케플러 3대 법칙'의 토대를 이 시기에 세우지요.

케플러 3대 법칙

❶ 제1법칙(타원 궤도의 법칙): 행성은 태양을 초점으로 하는 타원 궤도를 그린다.
❷ 제2법칙(면적 속도 일정의 법칙): 태양의 중심과 행성의 중심을 잇는 선이 그리는 면적은 항상 일정하다.
❸ 제3법칙(조화의 법칙): 행성의 궤도에서 타원의 긴 반지름의 세제곱과 공전 주기의 제곱의 비는 행성과 관계 없이 일정하다.

하지만 좋은 시기는 길지 않았어요. 당시 신성 로마 제국은 이름만 제국일 뿐 사실 형편없는 상황이었거든요. 특히 경제적으로 많이 어려웠어요. 그래서 케플러는 충분한 월급과 별점에 대한 보상이나 연구 발표에 대한 보상을 약속받았지만, 실제로 받은 경우는 별로 없었어요.

그러다 보니 점점 삶이 궁핍해졌고, 이 때문에 아내 바바라와 부부 싸움도 자주 했어요. 바바라는 부유한 평민 집안에서 자라 가

난을 겪어 보지 않았거든요. 게다가 가톨릭과 개신교의 갈등도 점점 심해져 신성 로마 제국에서 지내는 것도 불편해졌어요. 신성 로마 제국은 교황의 명령으로 세워진 국가라서 전통적인 가톨릭이 국교였으니까요. 그러다 아내가 병들어 죽고, 아내의 유산 때문에 친척들과 법정에서 싸우기까지 했지요. 후원자였던 루돌프 황제마저 1612년 사망하자 케플러는 더는 버티지 못하고 개신교 지역이었던 린츠로 이사했어요.

이즈음 갈릴레오의 천체 망원경 발명 소식이 케플러에게 전해졌어요. 케플러는 그동안 갈릴레오의 여러 논문을 보면서 갈릴레오가 무척 뛰어난 수학자이자 천문학자라고 생각했고, 그를 지지하는 내용의 논문도 많이 발표했어요. 사실 갈릴레오의 가장 확실한 지지자 중 한 명이었지요.

그래서 갈릴레오가 천체 망원경을 발명했다는 소식을 듣자마자 자신에게도 망원경을 보내 달라고 부탁했어요. 물론 깔끔하게 무시당했지만요. 갈릴레오는 케플러를 싫어했거든요.

그러나 케플러는 굴하지 않고 다른 사람을 통해 갈릴레오의 천체 망원경을 손에 넣었답니다. 케플러는 갈릴레오의 망원경을 분석해서 성능을 더욱 개선했어요. 이렇게 완성된 케플러식 망원경은 현대

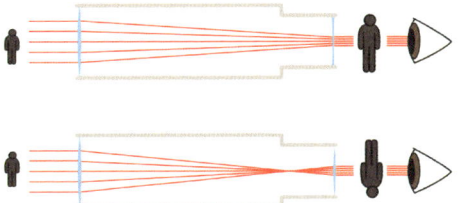
오목 렌즈와 볼록 렌즈로 되어 있는 갈릴레이식 망원경(위)과 볼록 렌즈 두 개로 되어 있는 케플러식 망원경.

에도 '굴절 천체 망원경'으로 불리며 가장 일반적으로 많이 쓰는 천체 망원경의 원형이 되었어요. 케플러는 자신이 개량한 망원경을 갈릴레오에게 보냈지만, 갈릴레오는 그것을 받자마자 화를 내며 부숴 버렸답니다.

 **곰곰 쌤의 잡학 사전** 케플러를 싫어한 갈릴레오

갈릴레오가 정확히 무엇 때문에 케플러를 싫어했는지는 알려져 있지 않아요. 당사자인 갈릴레오가 그 이유를 말한 적이 없을 뿐더러, 딱히 케플러가 갈릴레오에게 잘못한 적도 없거든요.
다만 평소에 케플러의 언행이 다른 사람이 오해하기 좋을 만큼 나빴던 점이나, 브라헤에게도 함부로 말하고 화를 잘
갈릴레오 갈릴레이의 초상화.
내는 성격이라는 점, 또 갈릴레오의 힘들고 어려운 삶에서 비롯된 비틀린 성격이 서로 엉켜서 갈릴레오가 케플러를 싫어했을 거라고 추측하고 있어요. 코페

르니쿠스적 발상의 전환이 일어난 시대의 가장 위대한 수학자이자 천문학자였던 두 사람이 좀 더 좋은 관계에서 서로를 이끌고 협력했다면 과연 어떻게 되었을까요? 조금 많이 아쉬워요.

케플러의 불행과 고난

케플러의 불행은 끊이지 않았어요.

1615년 어머니가 마녀로 몰렸지요. 케플러의 동생과 다툼이 있었던 사람이 3년 전 케플러의 어머니가 지어 준 약 때문에 자기가 아프다며 교회에 신고했기 때문이에요. 사실은 몇 달 전 그 여자의 오빠가 지어 준 엉터리 약 때문이었지만요.

당연히 어머니가 마녀라는 증거는 나오지 않았지만, 이때는 일단 마녀

마녀 재판 모습을 그린 그림.

라는 이야기가 나오면 풀려나는 게 아주 어려웠어요. 그나마 아들인 케플러가 유명한 사람이라 고문을 당하지는 않았지만, 꼼짝 없이 감옥에 갇혀 있어야 했지요.

케플러는 이 사건 때문에 거의 2년 동안 어머니의 석방을 위해 뛰어다녔어요. 다행히 어머니는 풀려났지만, 그 후유증으로 1년도 안 되어서 죽고 말았어요.

또 개신교와 가톨릭의 갈등이 심해지자 케플러가 화해할 수 있

도록 중재하려고 했지만, 오히려 그 때문에 개신교에서도 배신자로 낙인 찍혀 개신교의 예배에 참여할 수 없게 되었어요.

이런 상황에서도 케플러는 연구를 계속하여, '케플러의 3대 법칙'을 발표했어요. 그런데 이번에는 케플러의 제1법칙 내용이 문제가 되었어요. 케플러는 브라헤의 자세한 관측 자료를 통해 지구나 화성 등의 행성이 태양을 중심으로 아주 약간 찌그러진 타원의 길(궤도)을 따라 움직인다는 것을 알아냈는데, 사람들은 천체가 완벽한 도형인 원이 아닌 찌그러진 길을 갈 리가 없다면서 케플러를 비난했지요.

그런데 이번에는 30년 전쟁이 벌어졌어요. 가톨릭과 개신교 사이의 갈등에 나라와 나라 사이, 지역과 지역 사이의 갈등까지 합쳐져서 유럽 전체의 전쟁이 되어 버린 거예요. 그 바람에 밀린

수업료와 급료를 받지 못한 케플러는 사방으로 돈을 받기 위해 뛰어다녔어요. 그러다가 그만 병을 얻어 1630년에 사망했지요.

케플러가 죽은 후 그의 업적이 제대로 평가받지 못하고 사라질 위기에 처했지만, 뉴턴에 의해 재조명되었어요. 케플러는 천체 물리학의 시작을 알린 사람이자, '천체 물리학의 아버지'로 불리게 되었어요.

III

17세기

뉴턴과 라이프니츠,
누가 미분법의 원조지?

역사상 가장 유명한 과학자를 두 명 뽑는다면 아이작 뉴턴과
알베르트 아인슈타인일 거예요.
뉴턴은 '뉴턴의 3대 법칙'으로 물리학의 기초를 다졌고,
마침내 '물리학'이라는 학문을 탄생시켰지요.

1. 16~17세기의 잉글랜드

 **위대한 여왕의 등장**

아이작 뉴턴을 알고 싶으면 그 시절 뉴턴이 살던 나라, 잉글랜드에 대해서 알아볼 필요가 있어요.

뉴턴이 태어나기 전 잉글랜드는 유럽 변두리의 작은 섬나라에 불과했어요. 당시 유럽은 콜럼버스가 아메리카 대륙을 발견한 후 에스파냐와 포르투갈이 신항로를 통해 엄청난 부를 쌓고 있었어요. 하지만 잉글랜드는 다른 대륙까지 쳐들어가서 식민지를 건설할 만한 힘이 없었던 데다가, 사방이 바다로 둘러싸인 섬나라인데도 해군마저 다른 강대국에 비해 약한 상황이었죠.

잉글랜드는 에스파냐와 포르투갈이 아메리카 대륙에서 신나게 진귀한 물건을 가져오고 돈을 벌어들이는 게 너무 부러웠어요. 그런 시기에 잉글랜드에 위대한 여왕이 등극했어요. 바로 엘리자베스 1세예요. 여왕은 잉글랜드를 강대국으로 만들기 위해 온갖 일을 했는데, 그중 한 가지가 사략 함대를 이용한 것이었어요.

▶ 드레이크의 세계 일주 항로

　사략 함대란, 국가에서 공식적으로 인정해 준 해적 함대라고 보면 돼요. 전쟁 중이거나 전쟁하기 직전 적대 국가의 배를 해적질하고, 국가에 일정 금액을 바치는 거지요. 물론 자기 나라 배나 중립국의 배는 공격하면 안 되고요. 하지만 이런 원칙이 잘 지켜지지 않아서 국가에 약탈한 재물 일부를 바치는 것을 빼면 해적과 큰 차이는 없었어요.

해적 기사 드레이크와 에스파냐 무적함대의 패배

당시 카리브해에서 유명한 해적이던 드레이크에 대한 소문이 여왕의 귀에도 들어갔지요. 이런 악랄한 해적은 당장 잡아서 사형을 시켜야 했지만, 여왕은 이 해적을 이용하기로 마음먹어요. 조

용히 드레이크를 왕궁으로 불러 에스파냐의 배만 공격하도록 지시했지요. 나중에는 그 공을 인정해 드레이크에게 귀족 작위도 주었고요.

당시 강력한 해군으로 유명했던 에스파냐는 잉글랜드를 정벌하기 위해 대서양 방면에 새로운 해군을 편성했어요. 그리고 이 자랑스러운 함대를 '무적함대'라고 불렀어요. 겨우 배 몇 척을 가지고 함대라고 하는 드레이크와는 상대도 안 될 정도로 강했지요.

에스파냐는 당연히 잉글랜드가 겁을 먹고 항복할 줄 알았는데, 오히려 덤빌 테면 덤벼 보라는 식으로 나오는 거예요! 에스파냐는 분노했고, 무적함대가 잉글랜드를 공격하기 위해 출발했지요.

하지만 결과는 모두의 예상과 달랐어요! 드레이크의 뛰어난 전술로 오히려 무적함대가 크게 패배했어요. 승리한 잉글랜드는 이후 아메리카 대륙에서 식민지를 하나씩 늘리며 강대국의 발판을 마련하지요.

유럽의 중심지가 된 잉글랜드

1603년 엘리자베스 여왕이 죽었지만, 잉글랜드는 착실히 강대국이 되어 가고 있었어요. 그때 유럽은 혼돈에 휩싸여 있었죠. 케플러 이야기에서 나왔던 가톨릭(구교)과 '루터파'라 불리는 개신교(신교)의 갈등이 더욱 심해져서 결국 전쟁이 터졌거든요. 역사

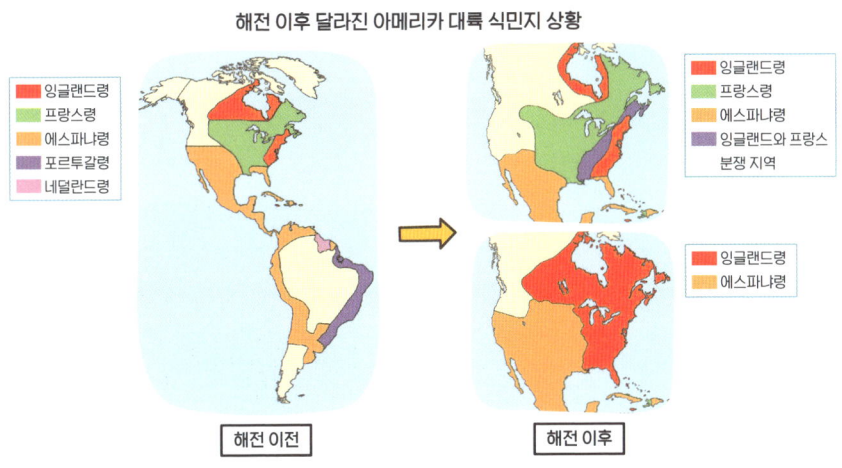

에 '30년 전쟁'이라 불리게 된 전쟁이에요. 1618년 보헤미아 프라하 창문 투척 사건에서 시작된 전쟁은 다섯 번에 걸쳐 전쟁이 일어났다가 휴전했다가를 반복했어요. 하지만 잉글랜드는 이미 한참 전에 국왕 헨리 8세가 가톨릭에서 파문당한 뒤 성공회라는 종교로 탈바꿈한 상태였어요. 그래서 30년 전쟁에서 한발 벗어나 있었지요. 유럽과 바다를 사이에 두고 떨어져 있다는 지리적

인 이유도 있었고요.

　잉글랜드는 유럽에 비해 평화로웠기 때문에, 유럽의 많은 것이 잉글랜드로 이동했어요. 예를 들어 국제 과학자 협회는 잉글랜드의 왕립 과학자 협회가 그 역할을 하게 되었어요. 구석진 시골 동네로 불리던 잉글랜드가 유럽의 중심지가 된 거예요.

　그렇게 잉글랜드가 유럽에서 주목받기 시작하고, 30년 전쟁의 끝 무렵인 1643년, 잉글랜드의 한 시골에서 역사에 길이 남을 위대한 과학자 아이작 뉴턴이 태어났어요.

2. 과학의 역사를 바꾼 뉴턴

 뉴턴이 소심해진 이유

뉴턴도 수학자 페르마처럼 태어나기도 전에 아버지가 사망했고, 케플러처럼 어머니의 배 속에서 열 달을 채우지 못하고 미숙아로 태어나 어려서부터 몸이 허약했어요. 그러나 뉴턴은 페르마나 케플러보다 더 불행했지요.

1712년 노년의 아이작 뉴턴의 모습을 그린 그림.

뉴턴이 세 살 되던 해, 뉴턴의 어머니가 뉴턴을 외할아버지, 외할머니에게 맡기고 다른 남자와 재혼을 했거든요. 그래서 뉴턴은 부모님의 사랑을 전혀 받지 못하고 자랐어요.

이런 여러 가지 어린 시절의 불우한 환경과 뉴턴의 천성이 합쳐져서, 뉴턴은 남 앞에서 말을 잘하지 못하는 소심한 사람이 되었어요. 특히, 많은 사람 앞에서 무언가 발표하거나 말하는 것을 굉장히 어려워했지요. 친구들과 이야기할 때도 어눌하고 불분명한 목소리로 말할 때가 많았다고 해요. 노년의 뉴턴은 성질이 나쁘고 괴팍하기로도 유명했는데, 현대의 심리학자들은 아마도 뉴턴의 불우했던 어린 시절이 성격에 큰 영향을 미쳤을 거라고 해요.

뉴턴이 처음 학교에 입학했을 때에는 성격 때문에 친구도 잘 사귀지 못하고 공부에도 관심이 없었던 터라 성적도 좋지 않았지요. 그러다 어느 날 갑자기 성적이 최상위권까지 쑥 올랐어요. 이 일화에 대해서는 정확히 알려진 게 없어요. 다만, 마음에 들지 않는 친구가 성적을 가지고 뉴턴을 놀렸는데, 그 친구를 이기기 위해 공부를 시작한 게 계기였다는 이야기가 전해질 뿐이에요.

잉글랜드의 유명인

뉴턴이 수학에 큰 재능을 보이자 뉴턴의 선생님은 케임브리지 대학에 진학할 것을 추천했고, 열심히 노력한 뉴턴은 케임브리지 대학에 입학했어요. 이때 뉴턴의 나이는 열여덟 살이었어요. 대학 입학 8년 만에 박사 학위를 따고 수석 수학 교수가 될 정도로 뉴턴은 자신의 천재성을 유감없이 발휘했어요. 도대체 8년 동안 무슨 일이 있었던 걸까요?

1661년 대학에 입학한 뉴턴은 1665년 학교가 휴교하는 바람에 집으로 돌아가야 했어요. 유럽을 휩쓴 페스트가 잉글랜드까지 전파되어 페스트에 시달렸기 때문이에요. 이 시기에 뉴턴은 〈케플러의 3대 법칙〉에 대한 논문을 개인적으로 연구했는데, 그 연구 끝에 '만유인력의 법칙'을 발견했지요. 이것이 인류가 자연에서 최초로 발견한 물리 법칙의 근원, 제1힘이에요! 지금까지 인류는 물리학의 뼈대가 되는 네 가지 힘을 발견했는데, 그중 가장 첫 번째를 뉴턴이 발견한 것이지요.

뉴턴이 중력의 속성을 증명하기 위해 설계한 다리로 알려진 케임브리지 대학교 수학의 다리.

2년 뒤인 1667년에 대학은 다시 문을 열었고, 뉴턴은 대학으로 돌아와서 석사 과정을 시작했어요. 사실 그 2년 사이에 '만유인력의 법칙'에 대한 내용을 거의 완성했지만 이때 발표하지는 않았지요. 소심했던 뉴턴은 이런 경우가 많았어요. 내용을 전부 정리해서 몇 번이고 검토한 후에야 발표했거든요.

1668년에 뉴턴은 케플러의 망원경을 개선한 '반사 망원경'을 발명했어요. 이 발명은 수학계와 천문학계에 커다란 파문을 일으켰고, 그 공로로 다음 해인 1669년에 수학과 교수가 되었어요. 그리고 3년 뒤인 1672년에는 잉글랜드 최고 과학자 단체이자 30년 전쟁 이후 유럽에서 가장 권위 있는 과학자 단체인 왕립 학회의 회원이 되었

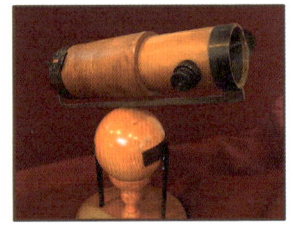

1672년에 만든 뉴턴의 두 번째 반사 망원경.

어요. 이후 뉴턴은 잉글랜드와 케임브리지 대학교의 후원을 받으며 연구를 이어 나갔지요.

곰곰 쌤의 잡학 사전 뉴턴과 사과나무

뉴턴을 떠올리면 흔히 사과나무에서 떨어지는 사과를 얻어맞는 뉴턴을 떠올리는데요, 사실 뉴턴이 사과에 얻어맞은 그 순간 만유인력을 깨달은 건 아니에요.

뉴턴은 모든 과학의 진리는 누구나 인정할 수 있는 객관적 증거가 있어야 인정할 수 있으며, 그런 객관적 증거는 수학적 증명을 통해서만 증명할 수 있다고 생각하는 사람이었거든요. 이러한 생각이 오늘날 우리가 생각하는 학문의 위치에 과학을 올려놓는 계기가 되었어요.

케임브리지 대학교에 있는 뉴턴의 사과나무.

한편, 뉴턴의 말년에 한 신문과의 인터뷰에서 사과 이야기가 나왔을 때, "사과에서 약간의 영감은 얻은 것 같다."고 말했으니 아주 거짓말이라고는 할 수 없겠죠?

타원 모양으로 태양 주위를 도는 지구

당시 천문학자와 수학자들에게는 지구의 공전 주기를 정확히 계산해 내는 것이 큰 관심거리였어요. 왜냐하면 브라헤의 방대한 자료와 천체 망원경을 이용해 예전보다 더 정확하게 계산할 수 있게 되었는데, 계산할 때마다 결과가 달라졌기 때문이에요.

케플러의 이야기에서 말한 것처럼 이때의 사람들은 모든 천체

로버트 훅(왼쪽), 에드먼드 핼리(가운데), 크리스토퍼 렌(오른쪽)의 초상.

가 완벽한 원 모양으로 공전한다고 믿었거든요. 케플러의 주장을 말도 안 된다며 무시했으니까요. 그러니 아무도 제대로 공전 주기를 계산할 수 없는 게 당연한 거였죠.

뉴턴과 평생의 앙숙이었던 '로버트 훅'이라는 과학자와 '에드먼드 핼리', '크리스토퍼 렌' 이 세 명도 지구의 공전 주기에 큰 관심을 두었어요. 심지어 서로 내기까지 하며 계산에 열심이었지요. 하지만 아무리 계산을 해도 자꾸 뭔가 틀리는 거예요. 그러던 어느 날, 핼리가 뉴턴에게 푸념을 늘어놓았어요. 계산이 매번 오류가 나고 풀리지 않는다는 거였죠. 그 말을 들은 뉴턴은 원으로 계산하면 틀린다고 말했어요.

뉴턴은 이미 케플러의 논문을 보고 타원 모양으로 공전하고, 타원 모양을 따라 정확한 공전 주기를 구했다는 걸 알았어요. 그리고 지구가 공전하는 이유를 찾는 과정에서 만유인력을 발견했지요.

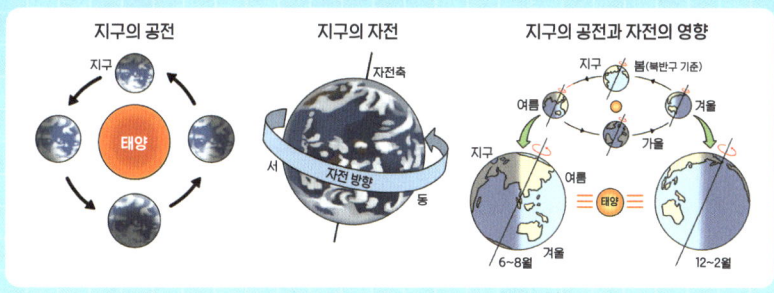

만유인력의 발견

케플러의 논문을 연구하던 뉴턴은 지구가 태양 주변을 돈다는 것에 관심을 가졌어요. 끈 같은 걸로 지구를 태양에 묶어 놓은 것도 아닌데 날아가지 않고 계속 태양 주변을 돈다는 게 신기하지 않나요?

지구가 빙글빙글 도는 걸 생각해 보세요. 공을 줄에 묶어서 빙글빙글 돌리다가 묶은 줄이 풀리거나 끊어져서 없어지면 어떻게 될까요? 휙 날아가는 게 당연해요. 그런데 왜 지구는 묶여 있지 않은데도 계속 같은 자리에서 돌고 있는 걸까요?

뉴턴은 지구와 태양을 묶는 끈을 대신할 보이지 않는 무언가가 있을 거라고 생각했어요. 그리고 그것을 여러 연구 끝에 알게 되지요. '질량을 가진 모든 물체는 서로 끌어당기는 힘이 있다'는 것을요. (여기에서는 쉽게 '질량'이랑 '무게'가 같은 말이라고 생각할게요.) 이렇게 태양과 지구가 서로 당기는 힘(인력)이 지구와 태양을 묶은 끈 역할을 해서 지구가 우주 밖으로 날아가지 않고 계속 태양 주위를 도는 것이지요.

•구심력 : 끈으로 묶여 있어서 날아가지 않고 중심으로 당겨지는 힘

뉴턴은 이 내용을 더 연구하여 힘의 원리에 대한 연구를 완성했어요. 바로 유명한 '뉴턴의 3대 법칙'이에요.

하지만 이것 역시 공식적으로 발표하지는 않았지요. 이런 이야기를 전부 들은 핼리는 뉴턴에게 이 내용을 공개하고 발표하라고 설득했어요. 뉴턴은 별로 그러고 싶지 않았지만요.

과학의 역사를 바꾼 책 《프린키피아》

'만유인력'과 '뉴턴의 3대 법칙'이 다른 사람들에게도 알려지면서 뉴턴은 다시 한 번 유명세를 치러요. 기자며 과학자, 수학자, 심지어 철학자까지 찾아와 만유인력과 3대 법칙에 대해 이야기하고 싶어 했지요. 워낙 많은 사람이 매일같이 찾아와서 일상생활을 하기 힘들 정도였다고 해요.

결국 귀찮아진 뉴턴은 친구의 설득을 받아들여 만유인력과 3대 법칙을 정리해서 저서를 발표했어요. 그게 바로 1687년 7월 5일에 세 권으로 출판된《자연 철학의 수학적 원리 (Philosophiae Naturalis Principia Mathematica)》예요.

그런데 제목부터 너무 어렵죠? 그때의 사람들도 이 책을 어려워했어요. 제목부터 말이에요. 그래서 여러분처럼 책 제목을 줄여서《프린키피아(Principia)》라고 불렀답니다. 그런데 이 책은 제목만이 아니라 내용도 너무너무 어려웠어요.

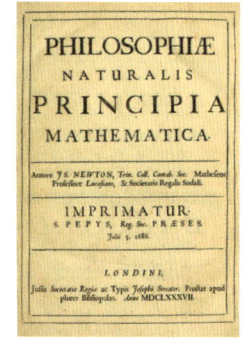

《자연 철학의 수학적 원리》 초판 도서의 첫 장.

뉴턴의 친구 중 한 명이 왜 이렇게 내용이 어려운지를 뉴턴에게 물어봤대요. 그랬더니, 너무 많은 사람이 찾아오는 게 짜증 나서 더 어렵게 썼다고 대답했다지 뭐예요. 진짜였을까요?

미분법의 연구

뉴턴은 과학뿐 아니라 수학에도 어마어마한 영향을 끼쳤어요. 특히 미분법을 생각해 낸 것은 현대에까지 큰 영향을 끼치고 있죠. 그런데 이 미분법 연구에는 생각지도 못한 문제가 있었어요.

뉴턴은 지구의 공전을 연구하다가 타원으로 구부러진 곡선의 속력은 어떻게 구해야 할지를 고민했어요. 직선에서의 계산은 아주 오랜 옛날부터 가능했지만, 곡선의 계산은

너무 어려웠거든요. 그러다가 곡선을 아주 작게(미, 微) 자르면(분, 分) 직선이나 마찬가지니까, 직선처럼 각각 계산해서 모두 더하면 되겠다고 생각한 거죠! 이걸 '미분법'이라고 해요.

뉴턴은 이 생각대로 계산할 수 있는 계산법을 연구했어요. 그러던 때에 바다 건너 독일에서 라이프니츠라는 유명한 학자가 미분법을 발표했다는 소식을 들었어요. 라이프니츠는 논문을 잘 정리하기로도 유명해서, 지금도 라이프니츠의 미분법이 거의 그대로 사용되고 있답니다.

사실 처음에는 별 문제가 되지 않았어요. 그런데 어느 잉글랜드 수학자가 표절 의혹을 제기한 거예요. 뉴턴이 먼저 미분법을 연구하고 있었다고 밝히면서요. 그러자 두 나라의 수학자와 과학자 사

이의 싸움이 되었고, 두 나라의 신문에도 크게 소개되어, 결국 유럽의 모든 사람이 이 싸움에 관심을 가지게 되었어요. 이때 프랑스나 오스트리아의 과학자들이 은근히 라이프니츠의 편을 들면서 싸움은 더 심해졌지요.

이렇게 된 데에는 당시 사회 배경이 한몫했어요. 무적함대의 처참한 패배와 30년 전쟁 때문에 유럽의 중심지가 잉글랜드로 이동하자, 기존 강대국들의 자존심이 상한 상태였거든요.

그러던 중 인류 수학 역사의 대발명이자 현대까지 과학 발전의 기초가 되는 미분법 원조 논쟁이 생기자, 사람들의 감정이 잉글랜드파와 반잉글랜드파로 크게 갈린 거예요.

이때만 해도 라이프니츠와 뉴턴도 크게 신경 쓰지 않았어요. 둘 다 유명한 수학자였으니까 이름 정도는 서로 알고 있었고, 논문 관련해서 편지도 몇 번 주고받은 적 있는 사이였지요. 그런데 점점

주변이 시끌시끌해지자 상황이 바뀌었어요.

가만히 듣고 보니 뉴턴은 억울했어요. 먼저 연구를 시작했는데, 나중에 시작한 라이프니츠가 더 빨리 미분법을 발명했다고 하니, 도둑질당한 것처럼 느껴졌으니까요.

말할 것도 없이 라이프니츠도 억울했어요. 뉴턴이 연구를 하는지도 몰랐고, 그저 본인은 자기가 연구한 내용을 발표한 건데, 표절이니 뭐니 하는 이야기를 들었으니까요.

라이프니츠는 본인이 표절하지 않았다고 주장하며, 그동안의 연구 자료를 정리해서 국제 과학자 협회에 제출했어요. 그런데 전쟁 등의 사회적 문제

고트프리트 빌헬름 라이프니츠.

때문에 잉글랜드의 왕립 학회가 그 역할을 맡고 있다고 했잖아요? 그리고 하도 조용해서 대부분의 사람이 몰랐지만, 이때 왕립 학회의 학회장이 바로 뉴턴이었어요!

런던에 있는 영국 왕립 학회 입구.

뉴턴은 라이프니츠가 제출한 서류를 보고 '아주 공정한 평가 위원회'를 구성했어요. 물론 뉴턴에게 공정한 위원회였기 때문에, 결과는 라이프니츠에게 아주 불리하게 나왔지요.

거기에 그치지 않고 뉴턴은 익명으로 라이프니츠를 헐뜯는 글

을 회보에 싣기도 했어요. 그것도 두 번이나요. 그런데 그걸 또 들켜서 라이프니츠가 알게 되었어요!

둘의 사이는 금세 최악이 되어 버렸어요. 결국 둘 다 죽을 때까지 원조 논쟁은 결론이 나지 않았답니다. 그래서 어떻게 됐느냐고요?

글쎄, 이 둘이 죽고도 논쟁은 끝나지 않았어요. 둘의 제자, 그 제자의 제자, 제자의 제자의 제자까지 대를 이으며 원조 논쟁을 이어 갔거든요. 하지만 이런 게 뚜렷하게 결론이 날 수 있는 게 아니잖아요?

결국 100년이나 지난 다음에야 그냥 뉴턴과 라이프니츠 둘 모두를 미분법의 공동 원조로 인정하기로 했답니다.

 평생 혼자 살며 연구에 최선을 다한 삶

뉴턴은 평생을 독신으로 살았어요. 이에 대해서는 여러 일화가 있는데, 젊어서 좋아한 여자에게 차인 충격 때문에 평생 혼자 살았다는 이야기도 있고, 나이가 들면서 성격이 괴팍해진 게 독신의 원인이라는 이야기도 있어요.

성격도 나쁘고 죽을 때까지 결혼도 안 하고 혼자 산 뉴턴이었지만, 삶의 마지막까지 그는 최선을 다해 연구하고 또 연구했어요. 그리고 그 공로를 인정받아 기사의 작위를 받았고, 엘리자베스 1세 등 영국의 위인들이 묻히는 웨스트민스터 사원에 시신이 안치되었답니다.

런던 웨스트민스터 사원의 뉴턴 무덤.

Ⅳ

18세기~19세기

말이 필요 없는 알베르트 아인슈타인

중세와 근대를 가른 과학자가 뉴턴이고,
근대와 현대를 가른 과학자가 아인슈타인이거든요.
이 둘 중 알베르트 아인슈타인에 대해 알아볼까요?

1. 19세기 말의 독일

 독일 제국의 야망

독일는 지금도 여러 나라가 모여서 이루어진 연방국이에요. 수차례 작은 나라로 분열되었다가 통일이 되었다가를 반복했어요. 19세기 말에는 통일된 독일 제국이었을 때이지요.

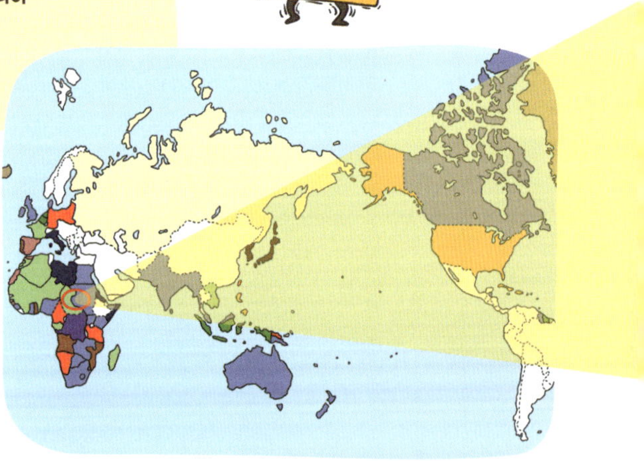

독일 제국이 당시 주변 다른 나라를 살펴봤더니, 다들 유럽 바깥에서 넓은 식민지를 지배하면서 각종 재물을 착취해 부를 누리고 있는 것 아니겠어요?

독일 제국도 식민지를 차지하고 재물들을 빼앗아 부유해지고 싶었지요. 하지만 이미 괜찮은 곳은 전부 임자가 있었어요. 독일 제국은 그걸 빼앗아야겠다는 생각으로 군사력을 기르며 기회를 노렸어요. 전 세계 식민지에서는 유럽 국가들의 식민지 쟁탈전 때문에 소규모 전투가 여기저기에서 일어나고 있었어요.

2. 물리학과 수학에 뛰어난 천재

학교를 싫어하는 아이

알베르트 아인슈타인은 1879년, 독일 제국의 울름에서 태어났어요. 아인슈타인의 아버지는 전기 회사를 운영하고 있어서 어린 시절의 아인슈타인은 비교적 풍족하게 살았어요.

당시 독일 제국의 학교는 무척 경직된 분위기였고, 아인슈타인은 그걸 못 견뎌 했어요. 게다가 아인슈타인은 수학과 물리학 말고는 공부하려고 하지 않았고, 독일어나 프랑스어 수업 때에도 수학만 공부하는 골칫덩이였지요.

《원론》의 영어판 표지.

아인슈타인이 열두 살 무렵, 학교생활에 적응하지 못하는 아들을 위해 부모님은 가정 교사를 따로 붙여 줬어요. 이때 아인슈타인은 에우클레이데스의 《원론》을 만났어요. 20세기 초까지 수학의 교과서로 활용된 《원론》이요.

아인슈타인은 미친 듯이 혼자 《원론》을 전부 공부했고, 거침없이 각종 교과서나 책을 읽어 댔지요. 가정 교사는 경악했어요. 더 이상 아인슈타인에게 가르칠 만한 게 없다는 걸 깨달았거든요. 수학과 물리학은 아인슈타인이 더 잘할 정도였고, 그 밖의 과목은 아인슈타인이 전혀 안 하려고 했으니까요.

그 뒤 아버지의 전기 회사가 어려워져서 가족이 이탈리아로 이사를 가게 되었어요. 아인슈타인은 이미 고등학교에 진학한 상태라 독일 제국에 남았는데, 아인슈타인은 독일 학교의 암기식 교육과 경직된 분위기를 견디지 못하고, 정신 질환 관련 진단서를 발급받아 학교를 자퇴해 버렸답니다. 그러고는 가족들이 있는 이탈리아로 여행을 떠났어요.

14세의 아인슈타인.

스위스에서 사랑에 빠지다

그런데 중간에 들른 스위스에 정착해 버렸어요. 독일 제국의 학교보다 훨씬 자유로운 학교 분위기가 마음에 들었거든요. 아인슈타인은 아버지와 안면이 있던 요스트 빈텔러 교수의 집에서 하숙을 했어요. 그리고 교수의 딸 마리와 사랑에 빠졌지요.

스위스의 대학에 입학하기 위해 치른 시험에서 수학과 물리학은 만점이었지만, 프랑스어 등의 다른 과목에서는 점수가 모자랐

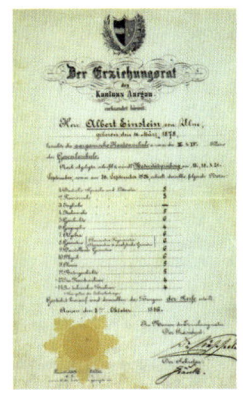
아인슈타인이 17세 때 받은 스위스 아라우 칸톤 고등학교 수료증. 가장 높은 등급이 6, 가장 낮은 등급이 1인데, 프랑스어 등급이 3.

어요. 무엇보다 고등학교 졸업장이 없던 게 진학을 더욱 어렵게 했지요. 학교에서는 고등학교 졸업장만 가져온다면 입학시켜 주겠다고 했어요. 수학과 물리학 점수가 워낙 높았으니까요.

아인슈타인은 스위스의 고등학교를 일 년 동안 다녀 졸업장을 얻었고, 1896년 9월 취리히 연방 공과대학교 수학·물리학 교육학과에 입학했어요. 이때 아인슈타인의 나이가 17세였어요.

취리히 연방 공과 대학교.

 곰곰 쌤의 잡학 사전 아인슈타인의 국적은?

1896년 1월에 아인슈타인은 독일 제국 국적을 포기했는데, 그 이유는 군대에 가는 것을 피하기 위해서였어요. 단순히 군대에 가기 싫어서라기보다는 전쟁을 반대하는 아인슈타인의 신념이 큰 영향을 미쳤어요. 아인슈타인은 평생 전쟁을 반대한 반전주의자였거든요. 대학을 졸업하고 1901년 2월 스위스 시민권을 얻었고, 죽을 때까지 유지했어요. 그러니 스위스에서 아인슈타인이 스위스 사람이라고 하는 것도 틀린 말은 아니지요. 아인슈타인이 유명해지고 난 다음, 독일에서 그를 교수로 초빙하며 독일 국적을 다시 얻었고, 전쟁 때문에 미국으로 피난 갔을 때에는 미국에서 또 미국 시민권을 얻었지요.

결국 아인슈타인은 다중 국적민이 되었답니다.

아인슈타인의 대학 동기 중에 밀레바 마리치라는 세르비아 출신 여성이 있었어요. 마리치는 수학과 물리학에 뛰어나서 아인슈타인과 곧잘 같이 연구했어요. 그때 아인슈타인의 연인이었던 마리가 교사가 되면서 이사를 가게 되었고, 한창 때인 20대의 아인슈타인은 가까이 있는 마리치와 가까워졌지요.

아인슈타인은 대학교를 졸업하고 교사가 되려고 했지만, 계속 실패했어요. 그런 와중에 1901년 마리치는 아인슈타인의 아이를 임신했어요. 아인슈타인은 이 사실을 부모님께 알리고 결혼하려 했으나, 부모님은 크게 화를 냈어요. 특히 아인슈타인의 어머니는 마리치가 아인슈타인보다 나이가 많고 세르비아인이라는 점을 못마땅히 여겼지요.

부모님의 격렬한 반대 속에서 딸이 태어났지만, 여전히 아인슈타인의 부모님은 둘의 결혼을 허락하지 않았어요. 아인슈타인의 딸이 이후 어떻게 되었는지도 정확히 알려지지 않았지요. 1903년, 오랜 노력 끝에 간신히 둘은 결혼에 성공했지만, 아인슈타인과 마리치의 결혼 생활은 그리 행복하지 않았어요.

알베르트 아인슈타인과 밀레바 마리치.

기적의 1905년

아인슈타인은 마리치와의 결혼 후 어떻게든 직업을 가지려고 수단과 방법을 가리지 않았어요. 그러다 스위스 특허국의 고위직에 있던 아는 사람에게 사정사정해서 특허국의 말단 직원으로 일하게 되었어요.

아인슈타인이 근무한 특허국, 지금의 연방 지적 재산권 연구소 건물.

특허국은 아인슈타인에게 나쁘지 않은 직장이었어요. 누군가 내 기술은 특별하니 인정해 달라고 하면, 그게 정말 특별한지, 혹시 그 전에 다른 사람의 기술과 겹치지는 않는지 확인해서 정말 특별하다면 특허를 내주는 기관이었으니까요. 특허 신청 내용은 대부분이 물리학과 수학에 관계된 것이었으니 아인슈타인의 전공 분야였지요.

아인슈타인은 퇴근하고 나서도 수학과 물리학을 공부하고 연구했고, 특허국 생활을 하면서 여러 논문을 발표했어요. 특히 1905년에 발표한 논문은 당시 유럽 과학계를 뒤흔들었지요. 아니, 인류 역사마저

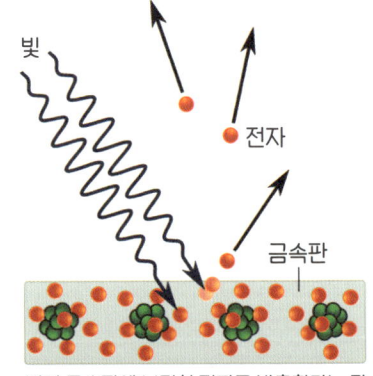

빛이 금속판에 부딪혀 전자를 방출한다는 광전 효과를 나타낸 그림.

뒤흔들었어요.

첫 번째는 '광양자 가설' 또는 '광전 효과 이론 실험'이에요. 이것은 금속에 레이저 같은 강한 빛을 쪼이면 무언가가 튀어나온다는 내용의 이론이에요.

당시에 빛이 에너지냐 물질이냐가 과학계의 큰 논쟁거리였는데, 대부분의 과학자는 에너지라고 결론 내릴 무렵이었어요. 그런데 빛이 금속판에 부딪치자 뭔가가 튀어나온다니, 이건 빛이 물질이라는 뜻이잖아요?

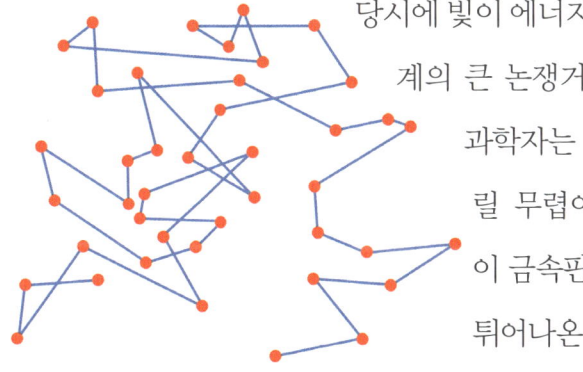

브라운 운동을 나타낸 그림(빨간 점은 30초마다 움직임).

세상에, 이럴 수가!

에너지인 줄 알았던 빛이 물질이라니!

실제 실험 없이 다른 논문의 실험 결과와 아인슈타인의 계산만 있는 논문이었지만, 과학자들은 아인슈타인의 논문에 열광했답니다.

두 번째는 '브라운 운동 증명'이에요. '브라운 운동'이란 식물학자인 브라운 박사가 실험을 위해 꽃가루를 옮기다가 실수로 물탱크에 떨어트리면서 발견했어요. 물탱크에 떨어진 꽃가루는

식물학자 로버트 브라운.

천천히 가라앉거나, 물 위에 떠 있을 줄 알았는데, 실제로는 마구잡이로 움직였어요. 브라운 박사는 이게 꽃가루가 살아 있는 생명체라서 그렇다고 생각했지요. 하지만 비슷한 크기의 먼지를 넣어도 똑같은 일이 벌어졌어요.

아인슈타인은 이런 이유를 '분자' 때문이라고 봤어요. 분자와 분자 사이를 꽃가루가 비집고 이동하기 때문이라고 생각했지요. 아인슈타인의 주장을 들은 사람들은 눈에 보이지도 않을 만큼 아주 작은 입자에 대해서 다시 생각하게 되었어요.

곰곰 쌤의 잡학 사전 분자와 원자

분자는 어떤 물질, 예를 들어 마시는 물 같은 걸 쪼개고 쪼개서 나오는 가장 작은 물의 조각을 가리켜요. 이건 물을 쪼개서 나왔으니 '물 분자'라고 부르는 거지요. 물 분자를 더 쪼개면 더 이상 물이 아니라 수소와 산소가 돼요.

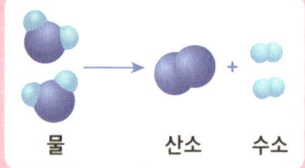

물 산소 수소

이렇게 분자를 쪼개서 나오는, 물질을 이루는 가장 작은 조각을 '원자'라고 해요. 원자는 대략 2350년 전쯤인 기원전 450년경에 더는 쪼갤 수 없는 가장 작은 물질을 상상해서 지어놨던 이름이에요.

세 번째는 아인슈타인 하면 떠오르는 이론, 바로 '특수 상대성 이론'이에요. 한마디로 쉽게 요약하면 운동하는 물체의 시간은 정지해 있는 관찰자에게 더 느리게 흐른다는 이론이지요.

관측 기술과 장비가 발달하자, 뉴턴 때부터 체계를 잡은 물리 법칙이 조금씩 틀리는 경우가 있었어요. 과학자들은 그런 오차가 왜 생기는지를 고민하고 있었는데, 아인슈타인이 그 해결책으로 상대성 이론을 생각해 낸 거예요.

 곰곰 쌤의 잡학 사전   특수 상대성 이론과 타임머신

상대성 이론은 과학자뿐만 아니라 일반인에게까지 큰 영향을 끼쳤어요. 여러분, 타임머신을 알고 있나요? 과거나 미래로 시간 여행을 할 수 있는 장치요. 그건 바로 특수 상대성 이론에서 나온 상상의 결과예요. 특수 상대성 이론은 제한 조건이 있는데, 바로 '빛의 속도는 무엇보다 빠르며 고정되어 있다.'는 거예요. 그리고 세계가 점점 빨라져서 빛의 속도에 가까울수록 상대적으로 다른 계에 비해서 시간이 점점 느려진다는 거지요. 거기서 사람들은 상상했어요. 만약 세계가 빛의 속도만큼 빨라지면 어떻게 될까? 그럼 점점 느려지다가 시간이 멈추지 않을까? 빛보다 더 빨라진다면? 그럼 아예 시간이 뒤로 가지 않을까? 이런 상상 속에서 타임머신이 만들어졌답니다.

　상대성 이론이 발표되고 유럽 과학계와 수학계는 분야에 상관없이 발칵 뒤집혔어요. 그리고 상대성 이론을 발표한 물리학자를 찾으려고 난리가 났지요. 그렇게 물리학자들이 아인슈타인을 찾아왔어요. 그때 얼떨떨한 표정의 아인슈타인이 "물리학자는 처음 봤어요."라고 했다는 유명한 이야기가 있지요. 이때까지 아인슈타인은 공식적으로 '물리학 교사'이지 '물리학자'는 아니었으니까요.

　마지막은 '질량-에너지 동등성'이에요. 그 유명한 '$E=mc^2$'라는 식으로, 후에 상대성 이론에 포함되었어요. 내용은 단순해요. 에너지와 물질은 서로 변할 수 있다는 것이지요. 물질은 어마어마한 에너지가 될 수 있고, 에너지만으로 물질도 만들 수 있다는 건데, 문제는 이걸 해내는 게 거의 불가능에 가깝다는 거예요. 하지만 그걸 또 해내는 게 사람이지요. 핵무기의 핵심도 여기서부터 시작하거든요.

과학계를, 아니 세계를 뒤흔들 이런 이론들을 아인슈타인이 불과 몇 달 사이에 쏟아낸 1905년을 훗날 사람들은 '기적의 1905년'이라고 불렀어요. 그리고 아인슈타인은 이제 누구나 아는 유명인이 되었고요.

1905년 3월	광양자 가설	빛의 입자성을 설명(1921년 노벨상 수상)
1905년 5월	브라운 운동	분자의 존재를 설명
1905년 6월	특수 상대성 이론	빠르게 움직이는 물체일수록 시간이 천천히 흐름
1905년 9월	질량-에너지 동등성	에너지와 물질 변환 가능, 핵 에너지의 기초

 유명인이 된 이후의 변화

아인슈타인이 내놓은 이론들은 과학자들 사이에서 엄청난 반향을 일으켰어요. 특히 상대성 이론에 대해서는 찬성과 반대 과학자끼리 심하게 싸우기까지 했어요. 하지만 그 누구도 아인슈타인의 천재성을 부인하지는 않았지요. 결국 과학자들은 상대성 이론이 맞는 말인지, 다른 이론의 자세한 내용은 어

떻게 되는지 알고자 논문을 쓴 당사자를 불러서 직접 설명을 듣고 싶어 했어요. 그래서 아인슈타인은 유럽의 많은 대학에서 수많은 초청을 받았답니다.

아인슈타인이 온 유럽을 돌아다니며 강연을 하고 학회에 참석하면서 자연스럽게 특허국을 그만두게 되었어요. 가족과 떨어져 지내는 시간도 늘었지요.

빈에서 강연 중인 아인슈타인.

제1차 세계 대전과 피신

그러는 동안 유럽의 분위기는 점점 험악해졌어요. 1914년 큰 사건이 터지면서 유럽의 많은 나라가 전쟁에 휩쓸렸고, 나중에는 미국, 브라질, 일본, 인도까지 그야말로 전 세계가 전쟁에 휩쓸렸어요. 이 전쟁을 '제1차 세계 대전'이라고 불러요. 그리고 이 전쟁의 중심에는 독일 제국이 있었어요.

온 유럽에 전쟁의 위험이 퍼져 있었기 때문에, 아인슈타인은 피신을 다녔어요. 그러다가 우연히 만난 사촌 엘자와 가까운 관계가 되었지요. 예전 유럽에서는 사촌 간의 결혼이 드물지 않았았거든요. 1918년 드디어 제1차 세계 대전이 끝나고 유럽에 잠깐의 평화가 찾아왔을 때, 아인슈타인은 마침내 마리치와 이혼하고, 엘자와 결혼했어요.

아인슈타인과 두 번째 부인 엘자.

설명을 들어도 이해하기 어려운 상대성 이론

아인슈타인은 두 번째 결혼 후, 세계 곳곳을 다니면서 강연과 강의를 했어요. 워낙 유명해서 과학자나 수학자뿐만 아니라, 일반인을 대상으로 하는 강연회도 종종 있었어요. 그러다 보니 이런 이야기도 있어요.

한번은 다음 강연회를 가야 하는데 너무 피곤했던 아인슈타인이 비서처럼 항상 따라다니는 운전기사에게 자기 대신 분장을 하고 가서 강연을 해 달라고 했답니다. 운전기사는 아인슈타인이 강연할 때마다 항상 강연회장에 있었기 때문에 충분히 흉내 낼 수 있었지요. 심지어 아인슈타인의 강연은 너무 어려워서 대부분은 잘 알아듣지 못했대요. 그래서 오히려 어려움 없이 운전기사가 대신 강연할 수 있었다는 거죠. 그러다가 운전기사가 대답하기 어려운 문제가 나오면, 운전기사인 척 옆에 앉아 쉬고 있던 진짜 아인슈타인이 앞으로 나와서 문제를 풀었다고 해요.

그런 일은 불가능하다면서 거짓말이라고 하는 사람도 있지만, 가능할 수도 있지 않을까요? 실제로 아인슈타인은 말년에 자신의 상대성 이론을 제대로 이해한 사람이 세 명도 되지 않는다고 한탄한 적도 있었거든요.

🧪 평생 후회한 맨해튼 계획

1933년 독일에 어두운 그림자가 내려앉았어요. 제1차 세계 대전에서 패배한 후 너무나 살기 힘들었던 독일 사람들이 '아돌프 히틀러'를 국가의 총리로 선출한 거예요. 여러분도 알다시피 히틀러는 '최악의 독재자'로 불려요.

1923년에 제작된 히틀러의 초상화.

그전부터 독일에 좋지 않은 분위기가 흐르고 있었어요. 유대인과 집시를 핍박하고, 심지어 아인슈타인을 비롯한 유대인 출신 과학자의 업적과 연구 결과를 욕하고 불태웠어요. 이에 많은 유대인 과학자와 전쟁을 싫어하는 사람들이 유럽을 떠나 미국으로 망명했어요.

당시 미국을 돌며 강연을 하던 아인슈타인도 나치의 히틀러가 총리가 되었다는 소식에 미국 망명을 신청했어요. 그리고 나치가 원자 폭탄을 개발하려 하니 그에 대한 대책이 필요하다는 편지에 다른 과학자와 함께 서명했어요.

그 편지는 미국의 루스벨트 대통령에게 보내졌고, 루스벨트 대통령은 편지를 보고 원자 폭탄 계획의 대책을 고민했어요. 그리고 미국은 '맨해튼 계획'을 세웠지요.

처음에 과학자들은 맨해튼 계획이 나치의 원자 폭탄 계획을 막기 위한 것이라고 알고 있었어요. 그래서 전쟁을 정말 싫어했던

맨해튼 계획의 비공식 문장.

아인슈타인도 주변 과학자 몇 명을 맨해튼 계획에 참여하도록 설득했어요. 그때 다른 일로 바쁘지 않았다면 아인슈타인도 참여했을지 몰라요. 그러나 나중에 맨해튼 계획이 또 다른 원자 폭탄 생산 계획이라는 걸 알게 되었어요.

전쟁이 끝난 후 아인슈타인은 자신이 루스벨트 대통령에게 보낸 편지에 서명한 것과, 대통령에게 보낸 것을 후회했어요. 나치는 결국 원자 폭탄 계획에 실패했거든요. 그 일은 아인슈타인이 죽을 때까지 늘 후회하는 일이었어요.

맨해튼 계획에서 개발된 원자 폭탄 팻맨 모형.

아인슈타인과 양자 역학

당시 아인슈타인이 바빴던 것은 '통일장 이론'이라는 것 때문이었어요. 양자 역학이라는 새로운 학문이 나타났거든요.

아인슈타인의 광양자 가설과 브라운 운동 증명 등을 통해서 많은 과학자가 원자보다도 작은 입자를 '양자'라고 부르며 연구했어요. 그 결과 양자의 세계에서는 우리가 알던 뉴턴의 물리 법칙이 제대로 적용되지 않는다는 것을 알게 되었지요.

하지만 아인슈타인은 이걸 받아들일 수 없었어요. 애초에 상대성 이론이 뉴턴의 물리 법칙과 실험 결과에 차이가 있는 걸 보완해서 물리 법칙이 여전히 잘 성립한다는 것을 보여 주려는 것이었기 때문에, 기존의 물리 법칙을 무시하는

닐스 보어와 아인슈타인.

양자 역학은 그의 관점에서는 말도 안 되는 헛소리였어요. 실제로 공개 토론회에 나와서 양자 역학의 권위자 닐스 보어와 논쟁한 일은 아주 유명해요.

하지만 양자 역학을 인정하고 연구하는 과학자가 점점 늘어났어요. 사실 현재 우리가 살고 있는 사회는 양자 역학의 발전 위에 있는 것이나 마찬가지예요.

양자 역학을 받아들일 수 없었던 아인슈타인은 새로운 연구 결과와 일치하면서 기존의 물리 법칙에도 딱 맞는 새로운 이론을 연구했어요. 그게 바로 통일장 이론이지요. 아인슈타인의 말년은 이 통일장 이론의 연구에 전부 쏟아부었다고 해도 과언이 아니에요.

그러나 결국 통일장 이론은 아인슈타인이 죽을 때까지 완성하지 못했어요. 사실 통일장 이론은 근본적으로 한계가 있었거든요. 아인슈타인이 죽은 후, 그의 동료와 제자들, 그를 따르는 과학자들이 통일장 이론을 완성하기 위해 노력했지만, 현재까지도 완성하지 못했답니다. 하지만 그의 이론은 많은 물리학자에게 영감을 주었어요.

도둑맞은 뇌

아인슈타인은 1936년 두 번째 부인 엘사가 죽은 후 홀로 지냈어요. 천재이자 괴짜였지만 평범한 일상생활을 즐기기도 했어요. 심지어 아인슈타인 옆집에 살던 다섯 살짜리 꼬마는 아인슈타인을 숙제 잘 도와주는 친절한 할아버지로 알았대요. 1955년 4월 17일 아인슈타인이 갑자기 쓰러져 병원에 실려 갔을 때, 급히 수술을 해야 한다고 의사가 말하자, "내가 해야 할 일은 모두 한 것 같으니, 이제는 우아하게 떠나야 할 때"라며 치료를 거부했다고 해요. 그리고 다음 날 아침까지 연구를 하다가 그대로 사망했어요.

마지막에 쓰러졌을 때 유언을 남겼는데, 안타깝게도 독일 말로 유언을 해서 주변에 있던 미국 사람 중 아무도 알아듣지 못했대요. 하지만 유언장은 있었고, 생전의 유언대로 아인슈타인의 시신을 화장하기로 했어요. 그런데 시신을 부검하고 화장하기로 한 토머스 스톨츠 하비 박사가 아인슈타인의 뇌를 훔쳐 간 거예요!

아인슈타인의 가족은 모두 죽고 첫째 아들 한스만 남아 있었는데, 한스는 아버지 장례식도 참석하지 않을 정도로 아인슈타인과 사이가 좋지 않아서, 하비 박사는 쉽게 뇌를 훔칠 수 있었지요. 그리고 오랫동안 몰래 연구를 하다가 결국 들켜 버렸고, 하비 박사는 많은 사람에게 비난받았지요.

　하지만 하비 박사는 아인슈타인 정도 되는 인물의 뇌는 많은 사람이 연구해야 마땅하다며 오히려 큰소리를 쳤어요. 그리고 실제로 많은 과학자가 같이 연구하고 싶다고 몰래 하비 박사에게 연락했다고 해요. 이렇게 비난 속에서도 아인슈타인의 뇌는 오랫동안 연구되었고, 마지막에는 박물관에 넘겨졌어요.

　역사 상 가장 유명하고, 가장 많은 영향을 끼친 과학자의 마지막이라고 하기에는 조금 안타까운 일이죠.

 **곰곰 쌤의 잡학 사전** 똑똑한 사람의 뇌는 크고 무거울까?

아인슈타인의 뇌는 평범한 뇌와 비교해서 별로 크지 않았고, 무게는 오히려 가벼웠다고 해요. 그때까지만 해도 머리가 좋을수록 뇌가 발달해서 크고 무거울 것이라고 생각했어요. 하지만 뇌의 크기와 무게는 뇌의 성능과 아무런 상관이 없다는 걸 알게 되었지요.
그런데 겨우 이런 걸 알고 싶다고 다른 사람의 시신을 마음대로 실험해도 되는 걸까요?

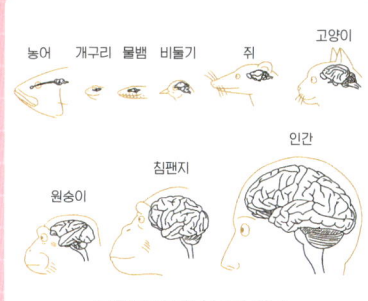

동물들의 대뇌 크기 비교.

V

20세기

닐스 보어, 원자 속 세계를 말하다

근대까지만 해도, 물체를 쪼개고 쪼개다 보면 더 이상 쪼갤 수 없는 물질이 있을 것이라고 생각했어요. 그것을 '원자'라고 불렀지요. 그런데 실제로 원자를 관찰하자, 원자는 더 작은 다른 것으로 이루어져 있다는 것을 알게 되었죠. 과연 원자 속 세계는 어떻게 생겼을까요?

1. 상대성 이론과 양자 역학의 탄생

 한 번 증명된 진리는 변하지 않을까?

아인슈타인은 상대성 이론으로 기존의 물리 법칙이 틀리지 않는다는 것을 증명하고 싶었어요. 그런데 그의 의도와는 다르게, 많은 과학자가 아인슈타인의 이론으로 원자 속 작은 세계에서는 기존의 물리 법칙이 적용되지 않는다는 것을 알아냈지요. 예전보다 발전된 과학과 기술력으로 원자 속 세계를 좀 더 자세히 알게 되었거든요. 그래서 과학자들은 원자 속 작은 물질, 양자에 알맞은 과학 법칙을 새로 연구했지요. 이런 것을 다루는 학문을 '양자 역학'이라고 해요.

양자 역학은 '한 번 증명된 진리는 변하지 않는다'는 사람들의 믿음을 부쉈어요. 진리도 또 다른 증거가 나오면 틀린 것이 될 수 있다는 것을 깨달았지요. 이것이 근대와 현대의 가장 큰 차이점이에요. 예전에는 "이건 이미 증명되었으니 절대로 맞아."라고 생각했다면, 이제는 "지금은 옳나고 믿는 사실이 틀린 것일 수도 있어."라고 좀 더 유연하게 생각하게 되었지요.

물론 사람들이 처음부터 이 생각을 받아들인 것은 아니었어요. 그래서 새롭게 나타난 양자 역학을 두고 과학자들은 찬성과 반대로 나뉘어, 서로 격렬하게 토론했어요. 그중 반대파의 선두가 아인슈타인이었고, 찬성파의 선두가 '닐스 헨리크 다비드 보어'라는 덴마크 과학자였지요.

닐스 보어.

 원자 속 세상

닐스 보어와 양자 역학을 이야기하려면 원자 속 세상에 대해서 먼저 이야기해야 해요.

예전에는 원자 속은커녕 원자도 관측할 수 없었어요. 그런데 기술이 발전하자 그 안을 관측할 수 있게 되었고, 원자 안에는 또 다른 물질이 있다는 것을 알게 되었지요. 바로 원자핵이에요.

'핵'은 무언가의 중심이나 중심이 되는 물건을 뜻해요. 원자 내부를 관측해 보니 대부분은 텅 빈 공간이고 중심에 아주 작은 덩어리가 있었어요. 이것을 '원자의 중심에 있는 물질'이라는 의미로 '원자핵'이라고 불러요. 원자핵은 양성자와 중성자가 서로 딱 붙어 있는 덩어리이지요.

건전지를 보면 양극(+)과 음극(-)이 있지요? 양성자는 (+) 전기를 띠는 물질이고, 중성자는 어느 쪽도 아닌 중간 물질이에요. (+)와 (-)는 같이 있어야 하는데, 원자핵 어디에도 (-) 물질이 없는 거예요. 과학자들은

건전지.

그 물질을 열심히 찾다가, 여태 텅 빈 공간인 줄로만 알았던 원자의 나머지 공간에 (-) 물질이 있다는 것을 알았어요. 그리고 그 물질이 전기를 전달해 주는 물질이라는 것도 알아냈지요. 이미 예전에 전기를 전달해 주는 물질이 있을 것이라고 상상해서 이름까지 '전기를 전달하는 입자'라는 뜻의 '전자'라고 지어 놨는데 그 전자를 드디어 발견한 거지요. 이 분야에서 가장 앞선 과학자가 바로 닐스 보어였어요.

원자 모형의 변천

돌턴, 1803년	톰슨, 1897년	러더퍼드, 1911년	보어, 1913년	현재 모형
원자는 더 이상 쪼갤 수 없는 단단한 작은 공과 같다. 당구공 모형.	양전하가 가득한 공간에 음전하가 건포도처럼 박혀 있다. 건포도 모형.	원자의 중심에 크기가 매우 작고 질량이 큰 양전하의 원자핵이 있고, 그 둘레를 음전하를 띤 전자가 움직이고 있다.	원자핵을 중심으로 전자가 불연속적으로 돌고 있다. 태양계 모형.	양성자와 중성자로 이루어진 원자핵 주변에 전자가 구름처럼 흩어져 있다. 하나의 전자가 동시에 여러 곳에 존재하며, 위치는 어디인지 확정지을 수 없다.

2. 닐스 보어의 위대한 발견

불확정성의 원리와 슈뢰딩거의 고양이

보어는 덴마크에서 교수인 아버지와 유대인 어머니 사이에서 태어났어요. 어린 시절 보어는 축구를 좋아하는 수줍은 소년이었다고 해요. 보어의 실력이 드러난 건 대학교 때였어요. 보어는 수학과 특히 물리학에 뛰어난 실력을 보이면서 물리학자가 되었답니다.

이후 보어는 실험으로 전자의 존재를 눈치챘고, 원자의 모델을 만들어서 1922년에 노벨 물리학상을 수상했지요. 이 모델을 만들 때 보어는 전자의 정확한 위치는 찾아내지 못했는데, 전자가 너무 작고 매우 빠르게 움직여서 그렇다고 생각했어요.

베르너 하이젠베르크(왼쪽)와 닐스 보어 (오른쪽).

그 뒤 그보다 열여섯 살 어린 친구였던 독일의 물리학자 베르너 하이젠베르크가 전자에 대해 새로운 사실을 알아냈어요. 사실 전자는 동시에 여러 곳에 존재하기 때문에, 애초에 위치를 찾을 수가 없다는 것이었지요. 이걸 전자의 위치를 '확정 지을 수 없다'고 해서 '불확정성의 원리'라고 불러요.

아니, 전자가 동시에 여러 곳에 존재하다니. 이게 무슨 말이죠? 심지어 관측 장비로 들여다보면 그 많던 분신(?)들이 사라지고 딱 하나의 전자만 보이는 거예요. 정말 신기하죠? 이러니 닐스 보어나 베르너 하이젠베르크 같은 과학자가 양자의 세계에 빠질 수밖에요.

물론 그렇지 않은 과학자도 있었지요. 특히 입이 좀 험한 슈뢰딩거 같은 과학자는 '불확정성의 원리'가 발표되자 노발대발했어요. 그건 과학이 아니라고요. 슈뢰딩거는 고양이를 이용한 상상 실험을 예로 들면서 '불확정성의 원리'는 말도 안 된다고 했어요.

그런데 불확정성의 원리를 쉽게 설명하기 어려워하던 하이젠베르크나 보어에게 슈뢰딩거의 설명이 너무 명쾌한 거예요. 그래서 지금도 불확정성의 원리를 설명할 때 슈뢰딩거의 고양이 설명이 많이 쓰인답니다. 슈뢰딩거가 알면 무척 화를 내겠지만요.

하이젠베르크는 불확정성의 원리 이후 양자 역학에 푹 빠져서 연구를 거듭해 뛰어난 계산 방법을 만들어 냈어요. 그 공로로 1932년에 노벨 물리학상을 받았지요.

원자핵의 강력한 힘

양자의 세계에 푹 빠진 보어는 더욱 열심히 연구했어요. 그러다가 양성자와 중성자가 왜 이렇게 꼭 달라붙어 있는지를 연구했어요. 연구를 거듭한 결과, 양성자와 중성자는 그 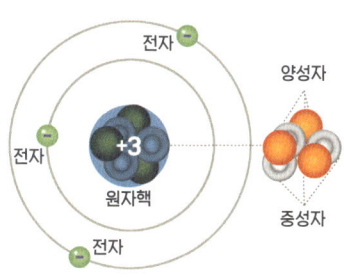 때까지 발견되지 않았던 새로운 힘으로 묶여 있다는 것을 알았지

요. 원자핵에서 볼 수 있다는 의미로 이 힘을 '핵력'이라고 이름 붙였어요. 핵력은 물체의 크기에 비해 무척 강하다는 것도 알아냈어요.

> 헉! 가느다란 머리카락 두께에 탄소 원자가 무려 50만 개나 들어간다고요?

사람 머리카락 두께 정도에 약 50만 개의 탄소 원자가 들어가요. 그럼 주먹만 한 크기에는 얼마나 많은 원자가 있을까요? 그리고 그 원자 모두에서 핵력을 뽑아낼 수 있다면 그 힘은 얼마나 클까요?

그때까지 알려진 두 개의 힘, 만유인력과 전자기력에 이어 세 번째로 알려진 핵력은 그 힘의 크기가 지금까지의 다른 어떤 힘과는 비교도 안 되게 강력하다는 것을 깨달았어요. 보어는 이 힘이 무기로 사용될까 봐 걱정했답니다. 당시 제1차 세계 대전이 끝나고 패배의 책임 때문에 힘들어하던 독일에서 다시금 좋지 않은 분위기가 일어나고 있었거든요. 이대로는 이 새로운 힘이 무기에 사용될 것 같았어요.

보어는 강대국의 지도자들을 만나서 설득을 시작했어요. 핵력은 인류의 평화와 발전을 위해서만 써야 한다고요. 일단 핵력을 이용한 무기를 만들기 시작하면 서로 멈추지 못하고 끝없이 만들다가, 결국 인류 전체를 위협하게 될 거라고 했지요.

하지만 소용이 없었어요. 오히려 과학자가 정치를 하려 한다며 비웃기까지 했어요. 그리고 보어의 걱정대로 역사는 흘러갔지요.

제2차 세계 대전과 보어

1939년에 제2차 세계 대전이 시작되었고, 보어가 살던 덴마크는 1940년 독일에 침공당했어요. 1941년 9월 하이젠베르크가 보어를 찾아왔어요. 20세기 과학 역사에서 가장 중요한 만남이라고 할 수 있어요. 그때 둘이 무슨 이야기를 했는지 정확히 전해지지 않았지만, 하이젠베르크와 보어는 이날 이후 서로 사이가 멀어졌어요.

베르너 하이젠베르크.

 곰곰 쌤의 잡학 사전 하이젠베르크는 어떤 생각이었을까?

당시 독일 나치의 핵무기 개발 계획의 수장이었던 하이젠베르크는 이후 핵무기 개발 중 끊임없이 실수를 저질러, 결국 독일은 핵무기 개발에 실패해요.
특히 마지막 실험 보고를 할 때 핵무기를 위해 우라늄-235가 꼭 필요하지만, 이 물질은 만들기가 어렵기 때문에 핵무기 개발이 어렵다고 했어요. 그런데 이상한 점이 있어요. 이때 하이젠베르크는 핵무기를 더 쉽게 만들 수 있는 플루토늄을 개발한 상태였는데 말이에요. 핵무기를 반대하는 보어와의 만남이 하이젠베르크에게 어떤 영향을 줬던 걸까요?

우라늄 광석(위)과 핵무기에 사용되는 99퍼센트 플루토늄 링(아래).

시간이 지나면서 독일의 나치는 점점 더 흉폭해졌어요. 점령지의 유대인과 집시를 잡아갔지요. 보어는 어머니가 유대인이었기 때문에 수용소에 잡혀갈 위기에 처했고, 긴급히 스웨덴으로 탈출했어요. 그 뒤 영국에서 비밀리에 보낸 폭격기를 타고 스웨덴에서 영국으로 피신했어요.

그런데 이 비행기 안에서 웃픈 일이 벌어졌어요.

보어는 몸집이 커서 폭격기 뒤쪽 폭탄 싣는 곳에 탔어요. 비행기가 높이 올라가면 기압 차이 때문에 산소마스크가 꼭 필요한데, 높이 올라가기 전에 비행기 조종사가 헬멧 통신기로 옆에 있는 산소마스크를 쓰라고 말했어요. 그러나 보어는 몸집뿐 아니라 머리도 커서 헬멧을 쓰지 못했지요. 그러니 헬멧 통신기로 "산소마스크를 쓰라"고 전한 말도 못 들은 거예요. 그 사실을 몰랐던 비행기 조종사는 높은 고도로 비행기를 몰았고, 이때 보어는 산소 부족과 기압 차로 그만 기절해 버리고 말았어요. 영국의 공항에 내렸을 때 보어는 목숨이 위태로웠고, 공항에서는 난리가 났어요. 다행히 살아났지만요.

아인슈타인과의 대립

전쟁으로 상황은 점점 더 심각해졌고, 보어는 다시 미국으로 피난을 갔어요. 그리고 전부터 친분이 있던 아인슈타인을 만났지요.

이때 아인슈타인은 양자 역학을 대체하기 위한 통일장 이론을 연구 중이었어요. 둘은 친했지만, 양자 역학을 이끄는 닐스 보어, 양자 역학을 부정하는 아인슈타인이었기 때문에 학문적으로는 만날 때마다 격렬하게 부딪혔답니다.

당시 양자 역학은 과학자뿐만 아니라 일반인도 무척 관심이 많았기 때문에 둘은 방송에 출연해서 토론을 하기도 했어요. 이 방송에서 한 말이 지금까지 유명하게 전해지고 있지요.

이 일로 둘의 사이가 멀어지지는 않았지만, 둘은 죽을 때까지 양자 역학을 두고 싸웠어요.

보어는 덴마크로 돌아온 뒤 평온한 삶을 보내며 남은 평생을 양자 역학 연구에 바쳤어요. 보어는 가족과도 사이가 좋은 편이었고, 아들이 여섯 명 있었는데, 그중 넷째 아들인 오게 보어는 아버지를 따라 핵물리학자가 되어 1975년에 노벨 물리학상을 수상했어요.

전쟁을 겪으면서 유대인으로서 예상하지 못한 죽음의 위기를 겪었지만, 보어는 만족스러운 삶을 살았다고 했어요. 다만,

오게 닐스 보어.

그가 걱정했던 핵무기는 결국 현실이 되었고, 걱정대로 핵무기 경쟁까지 일어났지요. 나치가 아닌 미국과 소비에트 연방의 대결 구도가 되었지만요.

사진 출처

- 15쪽 레오나르도 피보나치: 위키 퍼블릭
- 16쪽 레오나르도 다빈치 생가: Roland Arhelger, CC BY-SA 4.0
- 16쪽 안드레아 델 베로키오: 위키 퍼블릭
- 17쪽 〈그리스도의 세례〉: 우피치 미술관
- 18쪽 〈최후의 만찬〉: 성 도미니크 수도원 식당
- 18쪽 〈미켈란젤로의 초상〉: 메트로폴리탄 미술관
- 18쪽 〈라파엘로 자화상〉: 우피치 미술관
- 20쪽 〈비트루비우스적 인간〉: 아카데미아
- 22쪽 레오나르도 다빈치의 서명: 위키 퍼블릭
- 23쪽 레오나르도 다빈치의 성당 스케치: 위키 퍼블릭
- 23쪽 레오나르도 다빈치가 그린 헬리콥터: 위키 퍼블릭
- 24쪽 〈레오나르도 다빈치 자화상〉: 토리노 왕립 도서관
- 25쪽 메디치 가문의 문장: Oren neu dag, CC BY-SA 2.0
- 27쪽 〈모나리자〉: 루브르 박물관
- 28쪽 프랑스 앙부아즈성 생 위베르 성당: Claudev8, CC BY-SA 3.0
- 36쪽 아리스타르코스의 (왼쪽부터) 태양, 지구, 달의 상대적 크기에 대한 계산: 위키 퍼블릭
- 37쪽 《천구의 회전에 관하여》 제목 부분: 위키 퍼블릭
- 38쪽 바일데어슈타트의 케플러 생가: judepics, CC BY 2.0
- 39쪽 케플러가 여섯 살 때 목격한 1577년의 대혜성: 위키 퍼블릭
- 40쪽 오스트리아의 그라츠 대학교: Roland Arhelger, CC BY-SA 4.0
- 41쪽 《우주 구조의 신비》에 묘사된 케플러의 태양계 모형: 위키 퍼블릭
- 41쪽 갈릴레이가 케플러에게 보낸 편지: 위키 퍼블릭

- 43쪽 갈릴레이 망원경: 해양 국립 박물관
- 44쪽 《시데레우스 눈치우스》에 실린 달 그림: CC BY-SA 4.0
- 44쪽 갈릴레이 위성: 위키 퍼블릭
- 45쪽 천문학 연구실의 튀코 브라헤를 그린 그림: 위키 퍼블릭
- 49쪽 케플러가 프라하에 살던 시절 주택이 있는 곳: Packa, CC BY-SA 3.0
- 50쪽 〈튀코 브라헤의 초상〉: 위키 퍼블릭
- 51쪽 프라하에 있는 튀코 브라헤와 케플러의 동상: Matěj Baťha, CC BY-SA 3.0
- 51쪽 〈루돌프 2세의 초상〉: 빈 미술사 박물관
- 53쪽 케플러가 쓴 《뱀주인자리의 발 부분에 있는 신성》: 위키 퍼블릭
- 55쪽 〈갈릴레오 갈릴레이의 초상〉: 우피치 미술관
- 56쪽 마녀 재판 모습을 그린 그림: 피바디 에식스 박물관
- 68쪽 〈노년의 아이작 뉴턴의 초상〉: 울스소프 매너 박물관
- 70쪽 케임브리지 대학교 수학의 다리: chensiyuan, CC BY-SA 4.0관
- 70쪽 뉴턴의 두번째 반사 망원경: Solipsist, CC BY-SA 2.0
- 71쪽 케임브리지 대학교에 있는 뉴턴의 사과나무: 위키 퍼블릭
- 72쪽 로버트 훅, 에드먼드 핼리, 크리스토퍼 렌의 초상: 위키 퍼블릭
- 76쪽 《자연 철학의 수학적 원리》 초판 도서의 첫 장: 위키 퍼블릭
- 79쪽 〈고트프리트 빌헬름 라이프니츠의 초상〉: 헤르조그 안톤 울리히 박물관
- 79쪽 런던에 있는 영국 왕립 학회 입구: Tom Morris, CC BY-SA 3.0
- 81쪽 런던 웨스트민스터 사원의 뉴턴 무덤: Javier Otero, CC BY 3.0
- 86쪽 《원론》의 영어판 표지: 위키 퍼블릭
- 87쪽 14세의 아인슈타인: 위키 퍼블릭
- 87쪽 아인슈타인이 17세 때 받은 스위스 아라우 칸톤 고등학교 수료증: 위키 퍼블릭

- 88쪽 취리히 연방 공과대학교 옛날 본관 건물: ZachT, CC BY-SA 3.0
- 89쪽 알베르트 아인슈타인과 밀레바 마리치: 위키 퍼블릭
- 90쪽 아인슈타인이 근무한 특허국, 지금의 연방 지적 재산권 연구소 건물: WM 1 ipi, CC BY-SA 3.0
- 91쪽 식물학자 로버트 브라운: 위키 퍼블릭
- 96쪽 빈에서 강연 중인 아인슈타인: 위키 퍼블릭
- 97쪽 아인슈타인과 두 번째 부인 엘자: 위키 퍼블릭
- 99쪽 1923년에 제작된 히틀러의 초상화: 위키 퍼블릭
- 100쪽 맨해튼 계획의 비공식 문장: 위키 퍼블릭
- 100쪽 맨해튼 계획에서 개발된 원자 폭탄 팻맨 모형: 위키 퍼블릭
- 101쪽 닐스 보어와 아인슈타인: 위키 퍼블릭
- 107쪽 닐스 보어: 위키 퍼블릭
- 107쪽 건전지: 위키 퍼블릭
- 109쪽 베르너 하이젠베르크와 닐스 보어: 위키 퍼블릭
- 113쪽 베르너 하이젠베르크: 독일 연방 문서 보관소, CC-BY-SA 3.0
- 113쪽 우라늄 광석: Farhan, CC BY-SA 2.5
- 113쪽 핵무기에 사용되는 99퍼센트 플루토늄 링: Los Alamos National Laboratory, 공공이용
- 117쪽 오게 닐스 보어: 위키 퍼블릭